이 땅에서 안전하게
일하며 살기

제철소 30년 기술자의
피 토하는 애절한 안전 이야기

이 땅에서 안전하게 일하며 살기

이철재 지음

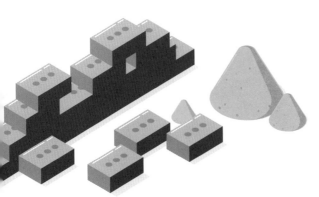

두드림미디어

추천의 글

얼마 전, 이철재 박사가 책을 발간하게 되었다며, 추천사를 써주면 독자들에게 도움이 될 것 같다는 연락을 해왔다. 글을 읽으면서 역시 '스틸리(Steel LEE)는 스틸리(Steal LEE)구나'라고 느꼈다. 이철재 박사의 전공은 鐵(steel)이지만, 내 마음을 도둑질했으니 盜(steal)가 맞다.

내가 대학을 졸업하고 안전에 입문한 것이 엊그제처럼 선명하다. 교편을 잡은 6년을 포함해 벌써 33년째에 접어들었다. 이제야 비로소 안전에 눈을 뜨기 시작했다. 이철재 박사는 오랜 산업현장의 경험과 아픔, 관리자의 경력, 그리고 남다른 열정으로 안전에 눈을 뜨고, 후배를 위해 이런 훌륭한 글까지 집필하다니, 놀라울 따름이다.

저자의 풍부한 산업현장 경험, 역사와 철학을 넘나드는 해박한 지식,

뛰어난 문장력, 그리고 여유로운 유머 감각과 생활 자세로 가득한 내용은 독자들의 마음을 채워줄 것이라고 믿는다. 직접 경험한 산업현장의 에피소드와 우리가 겪은 실제 사고를 토대로 모두가 이해하기 쉬운 용어와 공감되는 표현으로 편안하게 써내려갔다. 지극히 상식적 이유와 논리를 들어 저자만의 해석으로 충분히 공감할 수 있게 했다.

"자기 자신을 위한 안전행동도 중요하지만, 타인 특히 약자를 위한 배려가 필요하다. 안전은 나와 타인의 신체에 대한 배려이며 사랑이다. 안전하면 안녕하게 되고, 행복의 기본조건을 갖추게 된다."

- 본문 중

내가 저자를 만난 지 몇 년 되지는 않았지만, 이철재 박사는 한계선을 긋지 않고 도전해서 꿈을 이루는, 실패의 핑곗거리를 찾기보다 지나온 길을 돌아보며 문제점을 찾아 고치는 심장이 뛰는 승리자다.

저자와 나는 한 세대를 같이하는 친구와 같은 존재다. 이철재 박사가 더 건강하고 행복하게 오랫동안 집필하기를 기대한다. 인생과 세상에 대한 배움이 필요한 모든 이들이 꼭 한번 읽어보기를 추천한다.

호서대학교 교수 **조규선**

모든 작업장에는 '안전제일'이라는 문구가 선명하게 붙어 있다. 그러나 안타깝게도 안전사고는 끊임없이 발생하고 있다. 공장 관리자는 안전이 확보되는 일터를 만들기 위해서 내재되어 있는 사고 요인을 끊임없이 분석하고, 상시 위험 관리를 통해서 무재해에 도전한다. 안전은 타협의 대상이 아니다. 안전은 아는 만큼 보인다.

작가는 수많은 위험 요소를 가지고 있는 철강공장의 경험을 통해서 안전에 대한 새로운 방향성을 제시하고 있다. 이 책을 통해서 안전의식이 깨어 있는 공장이 만들어지고, 자발적으로 안전을 실행할 수 있는 사람들이 육성되어, 출근한 모습 그대로 퇴근하는 노동자가 많아지길 기대한다. 진정한 '안전제일'이 될 것이다.

주안장로교회 장로
前)현대제철 전무
前)경신스틸(주) 대표 **이경석**

프롤로그

나는 미안해서 씁니다.

2013년 초, 드디어 제철소의 꽃이라고 하는 전로[1]제강 부서장이 되었다. 고철을 녹여 쇳물을 만들던 전기로[2] 엔지니어에서 종합제철소의 핵심부서인 전로제강부의 최고 책임자가 되었다. 쇳물을 만드는 엔지니어라면 누구나 한번 맡고 싶어 하는 자리다. 스스로 대견하고 자랑스러웠다. 금속공학을 전공하고 철강회사에 입사하기를 잘했다는 자기만족에 빠졌다. 잘할 자신감도, 용기도, 각오도 넘쳤다.

---

1) 전로(轉爐, Converter) : 고로에서 만들어진 선철을 정련해 강으로 만드는 설비. 하부 배관을 통해 고압의 아르곤 또는 질소 등의 가스를 주입시켜 불순물을 제거해 강을 만든다.

2) 전기로(Electric arc furnace) : 전기에너지를 이용해 아크를 발생시켜 스크랩을 녹여 쇳물을 만드는 로. 교류 전기로와 직류 전기로가 있다.

자신감이 상실감과 고난이 되는 데는 100일도 걸리지 않았다. 제강 부서장이라는 자리는 아무 일이 없고 조용할 때 오히려 정체 모를 불안감을 느끼는 곳이다. 5월의 어느 날 밤, 적막감이 잠을 깨웠다. 핸드폰 울림소리는 듣지도 못했다. 핸드폰을 보니 안전팀장의 전화가 와 있었다. 불길한 예감은 왜 그렇게 잘 맞는지, 5명의 노동자가 질식사고로 병원에 실려갔다.

'아! 이것이 중대재해구나.' 15년 전 내가 안전사고로 다친 순간의 악몽이 머리에 떠올랐다. '아! 이것이 안전사고구나'의 재생이었다. 그때 다친 이가 저려왔다. 벗어날 수 없는 지옥 같고, 시간이 가야만 해결이 될 중대재해의 질곡이 펼쳐졌다. 꿈에서 나쁜 놈이 잡으려고 쫓아온다. 도망가야 하는데 발이 움직여지지 않는다. 중대재해라는 족쇄에서 하루라도 빨리 풀려나고 싶었는데 시간은 더디 흘렀다.

지난한 사고처리, 조사 및 재판을 겪는 과정 내내 생각했다. 3년 동안 여러 일을 겪으면서 노동자는 다치지 않으려면 어떻게 일해야 하는지, 안전관리자는 어떻게 하면 노동자가 다치지 않는 일터를 만들 수 있을지, 사업주는 종업원이 다치지 않도록 무엇을 해야 할지 고민을 거듭했다. 이 안전사고의 고리를 끊기 위해서 내가 할 수 있는 일이 무엇일까? 이 과정을 다른 이는 겪지 않게 할 수는 없을까?

기록을 남기자. 사고에서부터 조사, 재판까지의 전 과정을 수첩에 작은 글씨로 깨알같이 메모했다. 수첩의 내용과 기억을 바탕으로 이야기를 적었다. 덧붙여 과한 욕심을 부렸다. 사고 여파로 3년을 회사 일에만 매달렸다. 그 세월 속에서 사랑하는 우리 딸은 아빠를, 아내는 남편을 회사에 빼앗기고 살았다. 우리나라 전체를 슬픔에 빠뜨린 세월호 참사와 이태원 사고가 일어났다. 글에서 가족과 시민들의 안전을 외면할 수 없었다.

이 글이 행복을 위해 안전하게 일하는 노동자, 안전한 일터를 만들고자 하는 이들, 중대재해처벌법 등으로 고민하는 경영책임자들, 그리고 우리네 안전한 삶에 작으나마 도움이 되기를 바란다. 다만 개인적으로 견해가 다른 부분이나 사실과 다를 수 있는 부분에서는 작가의 부덕함과 옅은 기억력을 탓하시고 너그러운 용서를 바란다.

글을 써나가는 동안 많은 지도를 아끼지 않으신 김유진 선생님과 글 ego에 감사한다. 추천서를 써주시고 격려를 아끼지 않으신 호서대학교 조규선 교수님, 주안장로교회 이경석 장로님께 감사드린다. 안전에 대해 글을 쓰고 싶다고 했을 때 용기를 북돋아 주신 《나도 작가다》의 저자 남이영 선생님께 감사드린다. 미천한 내 글을 알아봐주시고 출판을 맡아주신 두드림미디어 한성주 대표와 편집자에게 진심으로 감사드린다. 묵묵히 응원하며 지켜봐준 내 반쪽, 내 사랑, 내 날개 최보영 집사에게 진심으로 감사한다.

"사랑해! 여보."

누가 물었다. 왜 그렇게 재미없고 힘든 이야기를 쓰냐고. 이제 그 물음에 답하고 싶다. 미안해서 쓴다고. 나 자신이 직접 안전사고를 당했으면서도 안전에 소홀했던 과거의 나에게, 전로 사고로 유명을 달리한 분들에게, 내가 다쳤을 때 우리 딸을 업고 병원에 왔던 내 아내에게, 사고 났던 해 수험생이었던 우리 딸을 신경 써주지 못한 아빠의 미안함에 쓴다고.

이 땅에서 노동자는 안전하게 일하고, 관리자는 안전한 일터를 만들고, 기업주는 안전한 회사를 경영하고, 시민은 안전한 삶을 누리기를 간절히 기원한다. 전로 사고로 유명을 달리하신 분들, 중대재해 사고자들과 유족들을 위한 평안함을 간구한다.

미안한 마음으로

이철재

차례

추천의 글   4
프롤로그   7

1장 노동자는 안전한 일

1. 안전하세요?   18

2. 무지하면 다친다   22

3. 무시하면 다친다   26

4. 무리하면 다친다   33

5. 돌발상황 때 다친다   39

6. 아차, 다칠 뻔했네   43

7. 그거 다치고 앰불런스 타고 가? 라떼는…   48

8. 걔는 왜 툭하면 다쳐…. 벌써 몇 번째야!   53

9. 안 다쳐봐도 된다   58

10. 작업 중지는 노동자의 권한이다   64

11. 안전은 구호가 아니다   69

※ 안전한 일 체크리스트   73

2장 관리자는 안전한 일터

1. 호랑이 굴에서 정신 차리라고? 글쎄…   76

2. 누구도 아무것도 준비하지 않았다   81

3. 안전에도 정보가 있어야 한다   87

4. 레시피를 만들어라   93

5. 일터를 관찰하라   98

6. 전체에서 부분을, 부분에서 전체를 봐라   103

7. 노동자를 배려하라   108

8. 거짓은 우리를 다치게 한다   112

9. 구슬이 서 말이라도 꿰어야 보배지   118

10. 안전은 현장 소통이다   123

※ 안전한 일터 체크리스트   127

3장 사업주는 안전한 회사

1. 부장님은 진짜 모르시네요   130

2. 부장님은 양으로 승부하시네요   137

3. 사장을 보호하라   145

4. 집행유예 고지를 점령하라   154

5. 안전을 중심으로 경영하세요   159

6. 안전지표를 직접 관리하세요   164

7. 안전, 과정을 살피세요   169

8. 안전관리자에게 책임과 권한을 주어라   176

9. 시스템을 부정하지 마세요   182

10. 중대재해처벌법을 이용하세요   186

11. 안전에 투자하세요   193

12. 안전은 돈도 되고 잡혀가지도 않아야…   197

13. 안전은 돈이어야 한다   201

※ 안전한 회사 체크리스트   207

4장 **시민은 안전한 삶**

1. 사랑하는 우리 딸에게　　　　　　　　　　　210

2. 아! 팽목항　　　　　　　　　　　　　　　215

3. 내 새끼 거기에 왜 갔니?　　　　　　　　　　222

4. 법이, 시스템이 보호해주어야 한다　　　　　　227

5. 안전은 선택이 아니다　　　　　　　　　　231

6. 안전은 사랑이다　　　　　　　　　　　　236

7. 생활 속의 안전(?)교육　　　　　　　　　　240

8. 어멈아, 빨래 걷어라　　　　　　　　　　244

9. 재해, 당신도 예외가 아니다　　　　　　　　247

10. 징비록　　　　　　　　　　　　　　　250

※ 안전한 삶 체크리스트　　　　　　　　　255

에필로그　　　　　　　　　　　　　　　256

부록 | 산업현장에서의 질식 사망사고 사례 심층분석　　259

1장

노동자는 안전한 일

안전하세요?

　안전이란 '위험이 없는 상태'다. 인간은 늘 움직인다. 자신을 위해 무언가를 이루고자 하는 방향으로 나아간다. 사람은 왜 행동하는가? 사람은 행복을 위한 좋은 결과(Good Result)를 얻기 위해서 늘 노력한다. 우리는 자기만족, 자기행복을 끊임없이 추구한다. 그 과정에서 환경과 행동에 위험이 없는 것을 '안전한 상태'라고 할 수 있다.

　'Safe(안전한)'의 어원은 중세 라틴어인 'salvitatem(안전)'에서 유래되었다. 이는 라틴어인 'salvus(부상 없는, 건강한, 안전한)'에서 왔다. 거기에 명사형 어미인 '-ty'가 붙은 것이 안전(Safety)이다. 국어사전은 안전을 '위험이 생기거나 사고가 날 염려가 없거나, 또는 그런 상태', 옥스퍼드(Oxford) 사전은 '피해나 위험으로부터 안전이 유지되는 상태'로 정의하고 있다.

우리는 사람을 만나면 인사를 한다. 보통 '안녕하세요?'라고 말하며 머리를 구부리는 것이 우리네 인사 예절이다. 여기에는 어떤 의미가 있을까? 안녕(安寧)은 '편안하다'를 뜻하는 한자어다. 즉, 아무 탈 없이 편안한지를 묻는 것이다. 나라마다 나름의 의미를 지닌 다양한 아침 인사말이 있다. 영어로는 '좋은 아침'이라는 의미로 Good morning [굿모닝], 일본어로도 おはよう[오하요우], 프랑스어로는 Bonjour [봉쥬흐], 중국어로는 早上好[자오샹 하오] 등을 사용한다.

요즈음은 우리도 '좋은 아침'이라는 인사말을 사용한다. '안녕하세요?'라는 인사는 많은 뜻을 지니고 있다. 단순한 아침 안부 정도가 아니라 편안한 상태인지를 묻는다. 그저 반가운 정도가 아니라 어디 불편한 곳은 없는지, 몸 상태는 좋은지, 집안에 별일은 없는지에 관심을 갖는 애정의 표시다. 의미를 넓혀보자면 상대의 안전에 관심을 지닌 인사말이다. '당신이 안전해서 다행이고, 앞으로도 행복하길 기원한다는 의미를 지니고 있다. '좋은 아침'보다는 훨씬 의미가 깊다.

우리나라 법에서는 특별히 안전에 대해 정의하고 있지는 않다. 대부분 위험이 없는 상태를 이른다고 볼 수 있다. 국제적인 표준 인증기관인 ISO[3]에서 운영하는 안전 경영시스템인 ISO45001에서는 안전이란 '수용 불가능한 위험이 없는 것'으로 정의하고 있다. 수용 불가능한 또

---

3) ISO(International Organization for Standardization) 표준화를 위한 국제 위원회이며, 각종 분야의 제품·서비스의 국제적 교류를 용이하게 하고, 상호 협력을 증진시키는 것을 목적으로 하고 있다.

는 가능한 위험이란 무엇을 이야기하는 것일까? 우리의 생활 주변, 일터, 우리 자신의 행동에는 항상 위험이 존재하고 있다. 그렇다고 해서 모든 위험을 불안전한 상태, 불안전한 행동이라고 규정할 수는 없다. 그럼 우리는 일상적인 생활조차도 못 할 테니 말이다. 위험 때문에 아무것도 못 하면 우리가 행복을 추구하려고 행하는 모든 일상적인 행위조차도 할 수 없다. 옛 어른들 말대로 '하늘 무너질까' 무서워하면서 살수는 없는 노릇이다. 교통사고가 걱정되어서 고속도로에서 승용차를 타지 못하고 탱크를 몰고 다닐 수는 없다. 어쩔 수 없이 감수해야 할 수준의 위험이 있다.

운전면허를 따고 얼마 안 되어 운전하던 때였다. 비가 조금이라도 올라치면 겁이 나서 도로에 차를 몰고 나가지 못했다. 선배가 한마디 했다.

"아니, 비가 올 때 내 차 못 타면 무엇 하러 차를 사나. 그냥 택시를 타지. 이런 날 편하려고 자가용 사는 것 아닌가?"

듣고 보니 말이 되는 소리였다. 용기를 내서 차를 몰고 나선 퇴근길. 사고는 나고 말았다. 이때 위험 요소는 두 가지가 있었다. 비가 도로를 불안전한 상태로 만들었다. 다른 하나는 위험한 상태에 적응할 실력이 부족한 운전자가 불안전한 행동을 할 가능성이 컸다. 위험이란 상황에 따라 영향도가 달라진다. 비가 오는 날, 자가운전 중 사고를 면하기 위해서는 운전을 안 하는 것이 가장 확실한 대처 방법이다. 어쩔 수 없이 해야 한다면 도로 상황, 날씨 등을 감안해야 한다. 거기에 적응할 만큼의 운전 실력이 있어야만 한다. 이 두 가지가 갖추어지면 안전한 상태가 된 것이라고 볼 수 있다. 그 주변 상황과 개인의 능력에 따라 수용할 수 있는 위험 정도가 달라진다. 위험의 수용 가능 여부에 따라 안전대책이 달라진다.

자신의 능력만으로 안전이 확보되지는 않는다. 혼자 안전하다고 해서 우리의 안녕이 이루어지는 것일까? 안전한 삶을 위해서는 각자의 안전한 행동과 더불어 우리 주위에 있는 안전 취약자들을 위한 배려가 필요하다. 아이를 둔 엄마가 컵라면을 먹으려고 뜨거운 물을 부은 후, 라면을 탁자에 올려두었다. 엄마가 잠깐 한눈을 판 사이, 갓난아기가 기어서 가다가 탁자에 걸려 라면을 엎었다. 뜨거운 물이 아이를 덮쳤다. 엄마는 아이를 둘러업고 병원으로 뛰어갔다. 아이가 커서 중학생이 되었다. 엄마는 컵라면을 준비해두고 이제는 오히려 아이에게 조심하라고 하면서 동생이 위험해지지 않도록 하라는 당부까지 한다.

일터에서든, 우리 생활 공간에서든 행동하는 사람의 수준에 맞는 안전조치가 있어야 한다. 자기 자신을 위한 안전행동도 중요하지만, 타인 특히 약자를 위한 배려가 필요하다. 안전은 나와 타인의 신체에 대한 배려이며 사랑이다. 안전하면 안녕하게 되고, 행복의 기본조건을 갖추게 된다. 우리는 안전이 무엇이고, 위험이 무엇인지 알아야 하며, 그 위험 요소에 어떻게 대응해야 우리의 안전과 행복을 위한 조건을 만들 수 있을지 염두에 두어야 한다. 그래야 우리의 '안녕'이 확보된다.

무지하면 다친다

인간은 아는 만큼 보이고 생각하는 대로 행동한다. 대부분의 노동자는 안전보건교육[4)]에 관심이 별로 없다. 안전교육을 대하는 태도도 각양각색이다.

하나, 남 탓하는 스타일이다.

"우리가 무얼 못한다고 교육하나? 자기들이 위험한 일을 안 시켜야지."

둘, 자신을 과신하는 스타일이다.

"나는 노련해. 다치긴 왜 다쳐? 무지하고 무모한 애들이 문제야."

---

4) 안전보건교육 : 산업안전보건법 제29조(근로자에 대한 안전보건교육) ① 사업주는 소속 근로자에게 고용노동부령으로 정하는 바에 따라 정기적으로 안전보건교육을 해야 한다.

셋, 안전교육을 무시하는 스타일이다.

"바빠 죽겠는데 안전교육은 무슨⋯."

철 공장에 입사 후 얼마 안 되어 철강 반제품인 블룸(Bloom)[5]이 시뻘 건 상태로 지나가는 것을 봤다. '저건 표면온도가 얼마나 될까?' 궁금했 다. 뜨거워서 1m 안으로는 다가갈 수 없었다. 반대편에 식어서 시커먼 녀석들이 있었다. 얼마나 뜨거울지 목장갑을 낀 손으로 만져봤다. 순간 목장갑에 불이 붙었다. 얼른 장갑을 벗었다. 다행히 손바닥이 얼얼할 정도의 화상으로 끝났다. 바셀린을 바르고 한 이틀 지나니 상태가 좋 아졌다. '무식하면 용감하다'라는 말이 있다. '하룻강아지 범 무서운 줄 모른다'라는 말도 있다. 하룻강아지는 범을 본 적이 없다. 무서운 줄 모 르니 범을 보고 짖겠지. 그래도 범이 봐주면 하룻강아지는 살아남을 수 있다. 하지만 안전사고는 우리를 봐주지 않는다. 내 일터의 환경과 작 업의 안전한 방법을 모르면 다치게 되어 있다. 회사 생활의 기본 목적 은 안전하게 출근해서 안전하게 일하고 안전하게 퇴근해 가족과 안락 한 삶을 누리는 것이다. 그런데 우리는 안전하게 일하는 방법, 안전하 게 일할 수 있는 작업장, 안전하게 일하는 문화에 대한 교육을 여벌의 일로 생각한다. 안전을 대하는 자세가 제대로 되어 있지 않다.

영화관에 가본 지 참 오래되었다. 영화관에 가면 영화를 시작하기 전 에 음악을 틀어주다가 스크린에 영상이 나온다. 광고가 한참 요란하다.

---

5) 블룸(Bloom) : 쇳물에 물을 부려서 굳힌 압연하기 위한 소재. 긴 육면체 모양이다.

새로 나올 영화를 예고하고, 마지막에 비상구와 소화전에 대한 설명을 보여준다. 다중이용업소의 안전관리에 관한 특별법에 따라 매회 영화 상영 전 피난 안내 영상을 상영하도록 되어 있다. 안전을 본격적으로 공부하기 전에는 나 역시 '빨리 영화나 시작하지. 시간 채우려고 저런 걸 틀어주는구나'라고 생각했다. 아무것도 모르는 사람은 영화 보는 데에만 신경 쓴다. 비상시 탈출, 화재 시의 대피, 소화에 관심을 두는 이는 거의 없다. 안전사고를 직접 당한 나 또한 기본적인 일상 안전에 관심을 두지 않고 살아왔다. 그렇게 우리는 일상에서 본연의 행복을 위한 기본사항을 신경 쓰지 않고 살아간다.

돈을 버는 목적은 미래에 행복하기 위해서다. 하지만 대부분의 사람이 돈만 열심히 좇는다. 어느 사이에 돈의 노예가 되어 있다. 내 가정을 잘 영위하기 위한 수단이 돈이다. 그러한 돈을 벌기 위한 방법 중 하나가 회사 생활이다. 그런데 우리는 종종 회사 생활의 본래 목적을 잊고 가정의 일을 뒤로 미룬다. 아이가 아빠를 찾고 있을 때 일이 바쁘다는 이유로 아이와 놀아주지 못한다. 아내 생일인데, 결혼기념일인데, 일이 바쁘다며 잊어버리거나 그냥 넘어가는 경우가 많다. 참으로 어이없는 현실이다. 미래를 위해서 참고 견디어야 한다는 '고진감래(苦盡甘來)'를 사전에서 지워야 하지 않을까? 우리는 그저 일상에만 집중하다가 자신의 목표와 수단을 혼동한다.

여행을 간다. 서울에서 서해안 갯벌에 가는 중이다. 바다에 도착해 무엇을 할지 계획을 세우고 야단법석을 떤다. 즐거운 휴가를 보내기 위한 길이어서 마냥 날아갈 듯하다. 목적지에 빨리 가기 위해 고속도로에서 과속하는 위험천만한 행동을 한다. 즐거워야 할 여행이 급한 마음에 범한 실수로 한순간 불행이 되어버린다. 안전을 경시한 태도가 빚는 참극이다. 안전에 대해 알아야 불행을 막을 수 있다.

안전에 관한 무지로 인한 결과는 음주운전과 같다. 본인만이 아니라 타인까지 다치게 한다. 우리는 많은 재해, 재난 과정에서 안전조치에 대한 사항을 전달받지 못한다. 안전요령을 알지 못하는 이가 비상시에 잘못된 지시를 내린다. 이는 안타깝게도 더 많은 희생을 초래하게 한다. 일반인들은 일상에서의 안전수칙, 작업자는 일터에서 필요한 안전수칙 및 자신이 하는 작업, 자신이 다루는 기계의 안전조치를 알고 안전을 관리해야 하며, 비상시 사람을 구하는 이는 거기에 맞는 실력을 갖추어야 한다.

자신에게 현재 어떤 안전수칙이 필요한지 생각해야 한다. 자신의 생활 패턴을 생각하고 지켜야 할 수칙과 주의사항은 무엇인지 생각해볼 가치가 있다. 이것이 우리의 안전한 삶, 행복한 삶에 도움을 준다. 우리는 무의식적인 행동 하나로 인해 사고를 당해 평생 돌이킬 수 없는 좌절로 삶을 살아야만 하는 사례들을 종종 보게 된다. 정말로 안타까운 일이 아닐 수 없다. 안전에 관한 생각, 안전에 대한 지식이 '안전'의 출발이다.

무시하면 다친다

성호는 지난달부터 보수[6] 시에 현장 노동자들 일을 조정하는 업무를 맡았다. 보수 일주일 전 실시하는 사전회의 때부터 스트레스가 쌓이기 시작했다. 사무실 책임자는 매번 전체 보수기간은 10일로 계획을 세워 놓았다. 하지만 실제로는 매번 하루를 당기라고 몰아치기 일쑤다.

"아니, 그러면 처음부터 9일을 목표로 해서 일정을 잡자."

누가 들어도 성호의 말이 백번 옳다. 백번 타당한 그 말은 매번 '쇠귀에 경 읽기'였다. 성호에게 되돌아오는 사무실 친구들의 답변은 가관이었다. 그들은 오히려 성호를 답답해하며 말했다.

---

6) 보수(Maintenance) : 설비나 시스템을 정상적인 상태로 유지하기 위해 각 장치의 시험, 조정, 수리, 복구 등을 하는 것.

"9일로 계획을 짜면, 8일 만에 하라고 볶아칠 게 뻔하다. 8일 만에 하는 것은 불가능하다. 그렇다고 계획을 9일로 세울 수는 없다. 9일로 계획을 세우고 9일 만에 하면, 단축하기 위해서 노력한 성과가 보이지 않는다."

'눈 가리고 아웅' 식의 보여주기 쇼(Show)의 전형이었다. 위에 보고하는 계획 따로, 실제 일하는 현장 목표 따로인 '따로국밥'이다. 사업계획으로 보고한 보수 10일을 완전히 무시하면서 늘 현장을 몰아쳤다. 성호는 계획 따로, 실행 따로 움직이는 행태가 못마땅했다. 아무튼 이번에도 총보수 기간은 10일, 현장 목표는 9일이었다. "내부 목표를 8.5일로 알고 진행해야 9일에 끝날 것이다"라고 담당 매니저는 시작부터 엄포인지, 부탁인지 모를 지시를 해댔다. 모든 작업은 계획보다 시간을 줄여서 끝내야 했다. 생산은 목표를 초과 달성해야 했다. 미달하는 실적은 용납되지 않았다.

성호는 한 달 전에 업무 인수인계를 받았다. 이번으로 보수 작업 조정 업무는 두 번째다. 차장이 매일 아침 일정을 조정하는 회의를 한다. 당연히 시간지연은 없는지, 더 단축할 여지는 없는지가 회의 주제다. 현장에서는 수시로 예상치 못한 작업 간섭이 발생한다. 작업자들 간의 실시간 업무 조정을 통한 보수 시간 단축이 성호가 하는 일이었다. 각 작업자는 10일 기준으로 각자 일만 했다. 성호는 미팅 때마다 각 분야의 담당자들에게 작업 시간을 줄여달라고 종주먹을 댔다. 그때마다 각

담당은 성호에게 눈을 부라리며 입을 삐죽였다. 각자의 작업 시간을 단축하는 데에만 온 신경을 집중한다.

성호는 보수하는 내내 매일 머리가 띵했다. 어정쩡하게 술 취했을 때 빨리 깨고 싶은 찝찝함, 또는 어지러움이다. 한겨울 비 오는 날 차갑다 못해 코를 찌르는 듯한 한기를 지닌 공기를 한가슴 들이켜고 싶은 답답함이다. 보수 때만 되면 하늘 한 번 쳐다볼 짬이 없다. 머릿속은 어딘지 모를 곳이 가려운 답답한 마음이 들어찼다. 비합리적인 지시에 대한 불편한 감정이 스멀스멀 기어 다닌다. 시간 단축을 위한 작업 조정 업무가 주는 스트레스다. 보수 작업 기간 중에는 밥을 제대로 먹지 못한다. 밥맛이 없어서가 아니라 먹을 시간이 없다. 먹을 생각을 할 틈도 없다. 식당에 가서 자리에 앉아 편히 밥 먹을 생각은 호사스러움이다. 식당 갈 생각은 고사하고 작업 지휘실에 서서 도시락 뚜껑을 열 기회도 주어지지 않는다. 도시락을 열기도 전에 관련자들이 와서 이것저것 문의하고 일을 재촉한다. 보수 시간의 단축은 휴식 시간, 식사 시간을 모두 날려버렸다. 성호의 정신도 빨아들였다. 전체 일정 단축의 책임은 오롯이 성호의 몫이다.

각 작업 분야 담당자들은 서로 간의 일의 간섭을 해결해달라고 성호를 찾는다. 간섭이 발생하면 어느 한쪽은 작업을 중단해야만 한다. 그 시간만큼 일이 늦어진다. 성호가 없이는 자기들끼리는 타협점을 찾지 못한다. 각자의 일만 중요하고 급했다. 자기 분야로 인해 보수 시간이 길어졌다는 질책을 듣기 싫은 그들 나름의 불만 표현이었다. 너도나도 모두가 '빨리빨리 하자'에 목을 맸다.

가장 협조가 이루어지지 않고, 시간을 많이 잡아먹는 작업은 아이러니하게도 본 작업이 아닌 '잠금일'(ILS, Isolate Locking System)이다. '잠금일'은 작업 중 갑작스러운 설비의 작동을 방지하는 조치다. 항아리 모양의 전로 내부는 흙벽돌로 이루어져 있다. 벽돌을 교체하기 위해서는 내부에 사람이 들어가야 한다.

쇳물 작업 중에는 파이프를 통해서 전로 안으로 가스를 불어 넣는다. 보수 중에 사람이 그 안에 들어가기 위해서는 가스 밸브를 잠가야 한다. 내부에 작업자들이 들어가서 일하는 동안에 가스가 들어가면 산소가 부족하게 되고 사람들이 위험에 처한다. 위험 방지가 잠금의 목적이다.

'잠금 일(ILS)'을 할 때는 관련 작업자의 대표들이 모여야 한다. 다 함께 밸브를 닫고 자물쇠를 잠근다. 누군가가 자기만의 작업을 위해 다른 사람을 무시하고 멋대로 밸브를 열지 못하도록 조치한다. 각 분야의 이름이 적힌 자물쇠를 걸고 잠근다. 통상 조업, 기계, 로재 등 세 부문 관련자들이 모여서 하므로 '3자(세 사람) 시건(잠금)'이라고 부른다. 밸브를 잠그는 일에 드는 시간은 10분이면 족하다.

성호는 사람들이 모이는 시간이 오래 걸려 늘 애가 탔다. 약속 시간이 되어도 제때 오는 사람이 없다. 무전을 친다. 답이 없다. 전화한다.

공장 전체에 들리도록 방송을 한다. 기계 담당자가 도착했다. 기껏 왔다가 아무도 없는데 왜 불렀냐며 바쁘다고 가버렸다. 이번에는 전기 담당자가 왔다가 아무도 없는 것을 봤다. 모두 다 모이면 부르라며 손사래를 치면서 돌아가버렸다. 성호는 애가 탄다. 다들 약속 시간을 밥 먹듯이 무시했다.

"정해진 시간까지 오지 않으면 내가 대신 한다. 안 온 사람은 책임져라."

벽돌 작업자들은 12m 아래 전로 내부에서 일한다. 한 번 나오려면 기중기를 불러서 타고 올라와야 하므로 최소 30분이 걸렸다. 그러니 오라고 해도 오지도 않고, 무전도 받지 않았다. 결국 지난번부터 성호는 벽돌 작업 분야의 잠금 담당자는 오지 말라고 했다. 성호가 자물쇠를 대신해서 잠가 주었다.

시간대별로 각 부문의 일을 챙겼다. 두 가지 일이 간섭되어 입장 차이가 생기면, 서로 제 일부터 먼저 하려고 아우성쳤다. 성호는 어느 일을 앞에 하고 어느 일을 나중에 하면 전체 시간이 줄어들 수 있고, 일이 늘어지지 않는지를 판단해 최선의 선택을 했다. 그 과정에서 그는 ILS 시간 단축을 위해 벽돌 작업자의 잠금을 대신하는 묘수(?)를 생각해냈다. 성호는 훌륭히 수행했다. 자신만의 만족은 아니었다. 다들 기다림이 없으니 불편함이 해소되었다. 시간이 단축되니 절차 무시를 문제 삼는

이도 없었다. 그런데 여기서 사달이 났다.

　절차를 무시한 대가는 컸다. 사고가 났고 성호는 시건(ILS) 절차를 무시한 책임에서 벗어날 수 없었다. 성호는 '맡은 바 업무에 최선을 다한다'라는 신념으로 열정을 가지고 일을 수행했다. 새로운 일을 맡아서 인정받고 싶은 마음에 1분이라도 시간을 단축하길 원했다. 빨리해야 한다는 목표가 전부였다. 성호의 마음이었고, 위에서 바라는 무언의 지시였다. 과정을 무시한 행위가 본인과 동료를 구렁텅이로 밀어 넣었다. 사고 후 조사 과정에서 동료들의 말은 달라졌다.

　"안전을 위해 전체가 모여서 시건했어야 했다. 우리가 시건 과정에 참여했다면 밸브가 열린 것을 알게 되었을 것이다. 가스가 나올지도 모르는 전로 내부로 들어가지 않았을 텐데…. 우리를 부르지 않아서 모르고 들어갔다."

　성호는 절차를 무시한 대가를 받았다. 절차 무시가 과실치사 사유의 한 항목이 되고 말았다. 단순히 편의를 위해 기발하다고 여겨 생략한 절차가 사고 원인 중 하나였다. 정해진 절차가 100% 안전을 보장해주지는 않는다. 그러나 절차는 피해를 최소화하기 위한 수단이므로 지켜져야만 한다. 물론 절차를 지키지 않는다고 매번 사고가 일어나진 않는다. 교통 신호 위반한다고 매번 사고가 나지는 않는 것과 같다. 하지만 교통 신호는 약속이다. 함께 통행하는 도로에서의 규칙이다. 운전 중,

보행 중 신호를 이용해 모든 정보를 공유한다. 약속을 지켜 서로 간의 신뢰와 소통으로 안전을 확보한다.

무리하면 다친다

'일 처리에서 시간 단축을 위한 최고의 선택은 무엇일까?'
'뒤처진 자가 앞선 자를 이기는 방법은 무엇일까?'
'생산을 많이 하는 방법은 무엇일까?'

엔지니어는 제품을 하나라도 더 생산하기 위해 늘 고민한다. 첫 번째 방법은 남들보다 일하는 시간을 늘리면 가능하다. 남들이 8시간 작업하는 사이에 10시간 일을 한다. 2시간을 더 일해서 더 많은 상품을 만든다. 하지만 시간 연장에는 한계가 있다. 2시간 더 설비를 운전하거나 노동자가 일을 더 하므로 비용이 증가한다. 최대한 오래 일해도 하루 24시간이 전부다. 하나님은 우리 모두에게 공평하게 하루에 24시간만 주셨다. 그 이상 일할 시간은 없다.

두 번째 방법은 정해진 시간에 만드는 물건의 개수를 늘리는 것이다. 단위시간의 생산 수량을 늘린다. 즉, 생산성을 높이는 것이다. 제품 하나 만드는 시간을 줄여서 남이 10분에 하나 만들 때, 우리는 5분에 하나를 만들어 동일한 시간에 만드는 개수를 늘린다. 이를 위해서는 과정 중에 특정 단계의 시간을 단축하거나 한 번에 두 과정을 묶어서 일하는 방법 등을 적용해야 한다. 생산을 많이 하기 위해서는 많은 시간 동안 일하거나 빨리 만들어야 한다.

공부할 때도 효율의 향상은 적용된다. 남보다 더 긴 시간을 공부해야 한다. 같은 시간에 공부한다면 집중력을 높여서 효율을 높여야 성적을 올릴 수 있다. 같은 시간이라면 남들보다 무언가를 빨리해야 공부의 효율을 높일 수 있다.

학창 시절, 10여 년 수학 과외 선생을 했다. 수학 문제를 빨리 푸는 학생들의 공통점이 있다. 그들은 문제를 읽고 식을 잘 세운다. 원리를 이해하고 공식을 잘 활용하는 학생들이 문제를 잘 푼다. 공통적인 특징은 사칙연산이 빨랐다. 암산 속도가 다른 학생들보다 월등히 빨랐다. 암산 속도가 빠르니 남는 시간에 문제를 푸는 데 좀 더 집중할 수 있다. 시간과 효율의 싸움이다.

이러한 방법이 안전에도 적용될까? 아쉽게도 안전에는 효율이 없다. 안전을 확보하기 위한 빠른 방법은 없다. 안전 목표는 짧은 시간에 이루어질 수 없다. 무리한 생산 증가는 부작용을 일으키기도 한다. 품질과 안전에서 문제가 발생한다. 요리할 때 불이 약하면 음식은 덜 익는다. 이를 보완하려고 짧은 시간에 불을 세게 올린다. 음식은 겉은 타고 속은 덜 익는다. 어떨 때는 음식의 내부와 외부의 온도 차이 등으로 내용물이 끓어 넘치는 사고가 발생하기도 한다. 작업 과정에서 불안정한 요소는 무리한 행동을 가져온다. 무리하게 되면 불안 정도는 더욱 커진다. 이는 불안전한 상태를 조성하며 불안전한 행동으로 이어진다.

송 주임은 보수 작업 지휘자다. 그에게 시련이 닥쳐왔다. 전로 상부의 분진 제거 작업이 지연되고 있었다. 전체 일정이 늦어져서 마음이 조급했다. 게다가 이틀 연속 상부 구조물 교체 작업 시간이 늘어졌다. 송 주임의 마음이 달음박질쳤다. 상부 철 구조물 교체 작업은 기계 분야의 담당이었다. 기계를 담당하는 김 계장이 왔다. 송 주임은 김 계장에게 협박 반, 협조 반 눈빛을 보냈다. 김 계장이 송 주임의 눈치를 살피며 걱정 투로 말했다.

"에이, 큰일이다. 지금 12시간이 지연되었다. 우리도 일할 시간이 부족하다."

"너희 기계 작업자들의 상부 구조물 교체 작업이 시간 다 잡아먹었다. 10시간이나 늦어졌다. 덕분에 먼지 제거까지 늦어졌다. 전부 합해서 12시간 늦어져서 성 차장 열받았다. 좀 도와주라."

"좋아, 우리 기계 때문이라니 하이바(머리) 좀 굴려봅시다."

김 계장이 반원들과 머리를 맞대고 이야기를 나누었다. 김 계장은 가스관 테스트 및 연결 시간을 최소화하는 방법을 선택했다. 배관에서 가스가 새는지를 테스트하고 나서 바로 끝부분 호스를 연결하겠다고 했다.

가스관 테스트 및 연결 작업순서는 이랬다.

1. 기계 작업자들은 연결 부분 파이프에 가스가 새는지를 테스트한다.
2. 로 안에서 벽돌 쌓는 작업을 끝낸 사람들이 나온다.
3. 기계 작업자들이 사다리를 타고 다시 올라간다.
4. 가스관 끝부분을 연결한다.

끝부분 호스 연결 시간은 한 시간이며 충분하다. 로 내 작업이 끝났다는 연락을 받고 나서야 치웠던 사다리를 다시 설치해야 한다. 한 번 더 올라가서 작업을 하므로 3시간이 걸린다. 이를 한 번에 해버리면 2시간을 줄일 수 있다. 김 계장은 누기 테스트를 하면서 호스를 바로바로 연결하면 시간을 더 줄일 수 있다고 했다. 2시간 이상의 시간 단축이 가능하다. 송 주임의 귀가 번쩍 뜨였다. 시간 단축에 기분이 좋아져서 무리한 작업이라고 생각할 여지가 없었다.

김 계장의 과감한 선택은 작업 시간 단축에 더해 하나의 선물을 더 가져왔다. 벽돌 쌓는 작업자들의 작업 완료와 철수 여부를 확인해야 하는 송 주임의 번거로움을 덜어주었다. 이제 12시간 지연된 것을 어느 정도 메꿀 수 있게 되었다. 덕분에 한숨 돌릴 여유가 생겼다.

보수를 시작하고 오랜만에 편안한 마음이 들었다. 김 계장의 작업이 마무리된 시점은 오후 3시였다. 송 주임은 '룰루랄라' 콧노래를 부르며 며칠 만에 목욕탕에 몸을 담그고 쉬었다. 성 차장에게 전화를 걸어 자신 있게 내일 오전이면 다 끝난다고 보고했다. 간만에 어머니가 끓여주는 두부가 올려진 바글바글 된장찌개에 소주 한 병을 곁들였다. 한참을 늘어지게 잤다. 핸드폰이 울렸다. 화면에 '잔소리 현 기장'이라고 떴다. 시곗바늘은 새벽 1시를 가리키고 있었다.

'에잇, 이 시간에 뭔 잔소리를 하려고.' 송 주임은 현 기장의 사투리가 늘 마음에 들지 않았다. 알아서 잘하는데 아무 일이 없어도 현 기장은 늘 시시콜콜 간섭하고 확인했다. 잔소리 대마왕이다. 현 기장의 목소리는 떨렸다.

"송 주임, 니, 끝단 밸브 안 잠갔노?"

아차! 싶었다. 끝단을 연결했으니 닫았어야 했는데.
'아무튼 그게 뭐 어쨌다고?'

"사람들이 쓰러져서 병원으로 실려 갔다."

송 주임과 김 계장은 시간 단축을 해냈다. 하지만 전혀 원치 않았던 사고가 터졌다. 작은 목표인 시간 단축 고지 전투에서는 성과가 있었다. 그러나 전쟁에서는 패했다. 무리한 방법과 시간 단축이 가져온 안타까운 빈 쭉정이 고지 점령이었다.

모든 일에는 순서가 있고, 정해진 작업 시간이 있다. 이는 많은 경험과 실적을 바탕으로 한다. 어떤 부분을 생략하거나 간소화할 때는 그 필요성과 목적에 대한 재검토를 철저히 해야 한다. 본 목적에서 벗어나지 않도록 '변동 요소'를 관리해야 한다. 한 가지만 볼 것이 아니라 종합적인 대책을 수립해 시행해야 한다. 송 주임과 김 계장은 과실치사로 재판에서 징역형(집행유예)을 받았다. 시간 단축을 위한 무리한 작업의 대가였다.

돌발상황 때 다친다

미국은 총기 소지가 허용되고 있는 나라다. 가끔 뉴스에서 총기 사고로 많은 사람이 죽거나 다쳤다는 소식이 나온다. 미국 같은 선진국에서 왜 그런 사고가 잦은지 좀 이해가 가지 않는다. '총기 소지'에 대해서는 우리가 '맞다, 그르다' 할 이야기는 아니다. 그것은 그 나라의 문제다. 미국에서의 총기 사고는 생각보다 피해가 크다. 시스템이 잘되어 있고, 공권력인 경찰 시스템도 발전한 선진국인데 안타깝다. 총기 사고가 났을 때 우리나라 사람들은 매우 당황스러워한다. 우리는 총기나 총소리를 영화 또는 오락에서나 보고 들었다. 실제 생활에서는 한 번도 겪어보지 못했다. 마치 자동차 운전을 해보지 않은 사람은 자동차끼리의 교통사고에 대한 주의력이 부족하듯이 총기 사고에 대한 위험성 인식이 낮을 수 있다.

중동에서처럼 테러나 전쟁이 잦은 지역 사람들은 총소리나 폭탄 터지는 일에 익숙하다. 지진이나 태풍을 자주 접하는 일본 사람들은 대비가 잘되어 있기로 유명하다. 그들은 경험으로 훈련되어 있다. 위험을 겪어본 이들은 긴급상황을 잘 인식한다.

장마철 회사에서 사고가 났을 때 높은 분이 했던 말이다. '일본은 지진이 자주 일어나고 태풍이 지나는 길목에 있어서인지 대비가 철저하다. 사고 시의 행동요령도 잘되어 있다. 행동수칙도 잘 지키는데 우리는 좀 다르다'라며 아쉬움을 토로했다. 사계절이 뚜렷한 우리나라(요즘은 기후 변화로 그렇지도 않지만)에서는 봄, 여름, 가을, 겨울의 변화를 대비한다. 반면 따뜻한 나라에서는 추위에 대비가 철저하지 못하다. 따뜻한 나라에서는 우리나라 봄 날씨 정도의 기온에도 한파로 사람이 얼어 죽는다고 한다. 경험으로 인한 주변 환경 변화를 인식하는 수준과 그에 대비하는 태도의 차이다.

돌발적으로 일어나는 특별한 사고나 재난은 시스템만으로는 대처에 한계가 있다. 그럴 때는 개인의 능력과 경험에 의존하는 방법이 유효한 경우도 많다. 총소리나 총기 사고 장면 등을 사전에 일반 시민에게 교육하는 일은 쉽지 않다. 자칫하다가는 공포 분위기로 불안감을 조성하는 과잉 조치가 될 수 있다. 평소에는 없는 위험 요소를 교육해 괜스레 불안감을 조성하는 셈이 된다. 마치 '하늘이 무너질까'를 걱정하거나, 교통사고 피해를 줄이기 위해 고속도로에서 탱크를 몰고 가는 격이 될 수 있다. 예상할 수 있는 위험 요소에 대해서는 표준화된 시스템 구축이 가능하나, 특별한 돌발상황에 대한 표준화는 매우 어렵다. 개인 능력에 의해 피해 정도가 좌우되기도 한다.

예전에 한창 유행했던 아이들 이야기책 중에서 《무인도에서 살아남기》라는 책이 있었다. 시골에서 자란 우리 세대는 '아니, 이런 건 어려서 몸으로 체험하면서 자연스럽게 배우는 거 아냐? 이런 걸 책으로 가르쳐야 하나?'라고 의아해했다. 맞다. 본인이 살면서 직접 몸소 체험한 것은 몸이 감각적으로 기억한다. 머릿속에도 뚜렷하게 남아 있다. 유사한 상황 발생 시 적절한 대처가 수월하다. 위험에서 벗어나기 어렵지 않다. 하지만 총기 사고와 같이 갑작스러운 상황을 겪는 사람들은 한 번도 경험한 적이 없는 돌발상황에 직면한다. 겁이나 공포를 느껴보지 않다가 졸지에 그런 일을 당해 어디로 어떻게 피해야 하는지 모른다. 사건 발생 시 초기에 피해가 커지는 이유다. 사고에 대한 인지 능력이 부족해 이에 대처할 행동요령을 알지 못한다.

우리 일터에서도 예기치 못한 돌발상황이 발생한다. 수명이 많이 남아 있어 멀쩡하리라 여겼던 기계 부품이 갑자기 고장이 나면 당황스럽다. 수리에 대한 계획도, 지침도, 경험도 없으니 답답하다. 이럴 때 서둘러서 고치려다 이차 사고로 이어진다. 안전사고가 발생한다. 관련도면, 필요한 공구, 수리 작업을 행할 사람을 구하기 전에 먼저 할 일이 안전조치다. 안전조치를 위한 툴박스 미팅(TBM : Tool Box Meeting, 현장에서 안전이나 작업을 위해 간단히 실시하는 회의) 혹은 안전을 위한 별도의 사전회의가 중요해진다. 필요시 안전관리자의 조언을 받으면 효과적이다. 화재 위험이 있으면 소방대에 연락해두어야 한다. 부상의 위험을 예상해 의무실에 연락해 구급차를 대기시키는 조치도 매우 유효할 수 있다. 돌발을 대비한 조치가 필요하다.

우리의 생명, 신체를 해하는 사건은 돌발상황에서 가장 많이 발생한다. 피해도 가장 크다. 겪어보지 못한 상황이기 때문이다. 자신의 안전을 위한 최소한의 지식과 관심이 돌발상황에서 안전을 지킬 수 있다. 더불어서 비상시 대처에 대한 응급구조 체계가 피해를 최소화할 수 있다.

아차, 다칠 뻔했네

"이 계장! 너 시말서[7] 써! 사고보고서도 따로 쓰고."

"제가 왜요? 사고 낸 것도 없는데."

부서장은 매일 아침이면 공장 전체를 차례대로 방문한다. 주요 작업 환경을 체크하고 어디 위험한 부분이 없는지, 설비 이상, 제품 이상이 없는지를 점검한다. 더불어 현장에서 일하는 직원들을 만나서 건강에 이상은 없는지, 건의사항은 없는지를 확인한다. 때로는 간단한 툴박스 미팅을 실시한다.

현장을 점검하던 어느 날 한 친구가 말했다.

---

7) 시말서 : 업무 등에 있어 과실이나 규정 위반을 범한 사람이, 사실관계를 분명히 하고 사죄해 같은 잘못이 재발하지 않게 하겠다는 내용을 적은 문서다. 경위서(經緯書)라고도 한다.

"지난번 야간 근무 때였습니다. 공장 통로의 어두운 곳을 지나다가 실수해서 발을 헛디뎌 굴렀습니다. 다행히 다친 곳은 없었습니다. 계장님께 보고했는데 부서장님, 이야기 못 들으셨습니까?"

부서장이 멋쩍은 표정으로 말을 받았다.

"어? 어! 들었다. 조명이 꺼져 있었나? 원래 없는 곳인가?"
"원래 없는 곳이었습니다. 지난번에 병근이도 거기서 넘어졌답니다."

이야기를 대충 마무리하고 이 계장에게 갔다. 새벽에 출근해서 잠이 덜 깬 듯 피곤해하던 이 계장이 급히 안전모를 쓰며 거수경례를 했다. 이 계장과는 입사 시기가 같았다. 연배도 엇비슷해 막역히 지내는 사이였다.

"안전!"
"안전 같은 소리 하고 있네. 이 계장, 너 시말서 써. 사고보고서도 따로 쓰고."
"제가 왜요? 저 잘못한 것 없어요. 사고 낸 것도 없고."
"너, 병근이도 넘어지고, 김 주임도 넘어져서 굴렀다는 작업통로 알지? 그런데 왜 보고 안 했어?"(요즘 이런 식으로 말하면 직장 내 괴롭힘으로 잡혀 갈지도 모른다.)

"아? 그게 한다고 해놓고. 그날 회식이 있어 깜박했습니다. 죄송합니다."

어렸을 때 시골에서 흔히 장난삼아서 하던 놀이가 있다. 한 사람 겨우 지나가는 폭 좁은 오솔길, 좌우로는 풀들이 자라고 있다. 누군가 지나가다가 발이 걸려 넘어지라고 풀들을 당겨서 묶어놓는 짓궂은 장난을 했다. 하지만 아무리 숨어서 지켜봐도 아무도 지나가지 않는다. 기다리다 지쳐서 지루해지면 그대로 두고는 다른 놀이에 정신이 팔린다. 자신이 한 짓을 까맣게 잊고는 돌아오는 길에 발이 걸려 넘어지곤 했다. 물론 때로는 모르는 사람이 거기에 걸려 넘어지기도 했다. 어떨 때는 우리 집안 식구 중에 누군가가 걸려 넘어지기도 했다. 일종의 작은 트랩(trap : 함정, 올가미, 덫)이다.

사소한 작은 위험도 큰 상해를 가져올 수 있다. 자신이 만들어놓은 트랩의 위험도 잊어버리면 큰 위험 요소가 되어버린다. 위험 요소는 여러 가지 방법으로 찾아낼 수 있다. 경험이나 관찰로 찾아낼 수 있으면 좋겠으나 이를 찾아내지 못하는 경우가 많다. 현장에서는 간혹 작은 사고가 난 후에야 위험 요소를 알게 되는 사례가 있다. 다치지 않거나 아주 미세한 부상으로 위험 요소를 알게 된다. 사고 예방에 도움이 될 경험이다. 큰 사고를 미리 방지할 밑천이 될 수 있다. 이러한 사고가 바로 아차 사고 사례(Near Miss)[8]다. 아차 사고 사례는 어쩌면 대형사고 예방

---

8) 아차 사고 사례 : 불안전 조건이나 작업자의 불안전한 행동에 기인해 재해가 발생할 뻔한 사례.

을 위한 경보 사이렌이다. 그런 면에서는 작은 선물이라고 할 수도 있겠다.

사고 사례는 다른 작업자들도 자세히 알도록 해야 한다. 세워진 대책에 대해서는 작업자들이 모두 공감해야만 한다. 대책을 완료하기까지는 위험 요소가 그대로 내포되어 있으므로 어떻게 조심해야 할지를 결정해야 한다. 작업통로에서 넘어진 원인이 어두워서였다면 조명을 달아서 밝기를 확보한다. '조명을 언제까지 달 것인가? 조명을 설치할 때까지는 어떻게 안 다치도록 할 것인가? 조명부착 완료까지는 아예 그 통로를 폐쇄할 것인가? 어쩔 수 없이 계속 사용해야 한다면 플래시를 비치해 임시 조치를 할 것인가?' 등의 단기와 장기대책, 설비적인 대책, 사람이 조심할 방법을 강구한다. 아차 사고 사례는 아주 작은 것도 반드시 보고해서 대책을 수립해야 한다.

한 사람은 거기서 넘어지고 안 다치는 경미한 사고로 끝났지만, 다른 사람은 그곳에서 동일한 사고로 크게 다칠 수가 있다. 아차 사고 사례를 통해 밝혀진 위험 요소를 제거하거나 조처를 하지 않는다면, 다른 작업자에게는 보이지 않는 큰 위험 요소가 된다. 돌이킬 수 없는 사고로 이어진다. 작업장의 안전을 위해서는 아차 사고 사례가 발생할 때마다 이를 드러내어 위험 요소를 없애야 한다. 작업현장에서 작은 사고에 대한 관심과 대책 하나가 목숨을 구하는 길이다.

"이래도 시말서 안 쓸래? 엄청 잘못했지?"라는 말에 머리를 긁적이던 이 계장의 계면쩍은 얼굴이 떠오른다. 이 계장은 그 후 아차 사고 사례 발굴 전도사가 되었다.

"작은 사고라도 나면, 그때 부서장님이 한 말씀이 귀에 쟁쟁하다. 후배들 교육 때 매번 사례로 들어 활용하고 있다"라며 가끔 전화한다. 사고보고를 안 해서 혼났던 일을 이야기한다. 아차 사고 사례에 대한 경험을 무용담처럼 늘어놓는다.

비바람이 들이치는 외양간을 보고, 도둑이 들 수 있다는 위험 요소를 발견한다. 작은 것을 고쳐서 소를 도둑맞지 않도록 튼튼하게 고쳐야 한다. 우리는 실수를 통해서 배우고 성장한다. 물론 다른 일과 달라서 안전사고는 직접 경험해서는 안 된다. 안전사고의 경험은 신체의 손상을 의미한다. 단, 이미 어쩔 수 없이 발생했다면, 미미한 사고라도 반드시 원인을 조사하고, 방책을 세워서 큰 사고로부터 우리를 보호해야 한다.

그거 다치고 앰불런스 타고 가?
라떼는…

    산업재해[9]를 당하면 아무리 조금 다쳐도 다친 사람을 해당 회사의 지정 병원으로 이송한다. 다친 친구가 병원으로 이송되어 가고 나면 나이 지긋한 선배들이 입버릇처럼 하는 말이 있다.

    "아니, 손톱 좀 스치고 피도 안 났는데, 구급차 타고 종합병원(대기업의 경우 대부분 지정 병원이 종합병원인 경우가 많다)을 간단 말이야?"

    "조금밖에 다치지도 않았는데 엄살 피우고, 일하기 싫어서 저러는 거야."

    "요즘 애들은 정말 어린애들처럼 엄살이 심해."

    "우리 때는 저 정도는 다친 것으로 치지도 않았다. 창피해서 보고도

---

9) 노무를 제공하는 사람이 업무에 관계되는 건설물 · 설비 · 원재료 · 가스 · 증기 · 분진 등에 의하거나 작업 또는 그 밖의 업무로 인하여 사망 또는 부상하거나 질병에 걸리는 것을 말한다(산업안전보건법 제 2조(정의).

못 했다. 입으로 한 번 빨고, 침 묻히고 바로 일했다."

"요사이 입사하는 젊은 친구들은 군대 생활도 편하게 해서 단련이 안 되어 있어."

"조합도 문제다. 앞뒤 안 가리고 무조건 구급차 타고, 병원에 가란다. 공상[10]으로 처리해도 될 것을."

한편, 일리 있는 말이기도 하다. 어릴 적 할머니 말씀이 떠올랐다. 가시가 손가락을 찔렀다. 피가 나서 울고 있었다. 애절한 눈으로 할머니를 보며 응원을 기다렸다. 할머니가 웃으며 말했다.

"물 먹어봐라. 물 새나? 간이 천 리다. 안 죽는다."

어느 날은 소나무 그루터기를 낫으로 깎다가 무릎을 찍어서 뼈가 보일 정도로 다쳤다. 놀라서 울음도 안 나왔다. 하얗게 질린 얼굴로 피가 철철 나는 무릎을 부여잡고 할머니에게로 뛰어갔다. 할머니는 속치마 자락으로 피를 닦아내고 된장을 발라주면서 말했다.

"매우 아팠겠구나. 참고 여기까지 혼자서 오다니 우리 손주 장하다. 지금은 좀 따갑고 저려도 내일이면, 아물고 안 아플 거다. 괜찮다."

지금 다쳐서 병원 간 그 친구는 우리 할머니가 내게 해주던 말을 누

---

10) 공상 : 사업주와 노동자 간의 합의에 의해 처리되는 보상.

구에게서 들을 수 있을까? 의사가 말해줄까? 아니면 관리감독자인 부서장, 기장이 말해줄까? 누구의 말을 믿을까? 병원의 검사 결과를 바탕으로 한 의사의 진찰 결과가 내 어린 시절의 할머니를 대신할 것이었다. 부서장은 나이 지긋한 고참 직원들의 입버릇에 대해 매번 말하곤 했다.

"우리 세대는 어려서 흙 만지고, 풀 뜯어 먹고 대충 자랐다. 조금 다쳤을 때는 부모님께 혼날까 봐 숨기기도 했다. 어느 정도가 몹시 아픈 것인지 스스로 인지했다. 그러나 저 아이들은 그걸 모른다. 다쳐본 적도 없고 망치질, 삽질 한번 해본 적도 없을 것이다. 혹 어려서 다쳐본 적이 있어도 엄마가 애를 데리고 병원으로 갔을 것이다. 다쳤을 때 기억이 우리와 다르다. 우리는 다친 순간 할머니, 어머니가 생각났다. 요새 아이들은 엄마, 구급차, 병원 그리고 의사 선생님을 생각한다. 우리가 어렸을 때 다쳐서 울며 할머니에게 간 것처럼 그들은 병원에 간 것이다. 할머니 대신 의사에게 괜찮다는 말을 들으러 간 거지. 시대적 상황이 변했다. 그 시절에는 할머니가 된장을 발라서 치료만 한 것이 아니라 트라우마[11]도 치료한 거다. 그러니 조금 다쳐도 병원 가는 것이 저들에게는 당연하고, 적절한 조치다."

'라떼는…'이라는 말은 지금은 통하지 않는 이야기다. 자신의 경험을 말할 때 자주 하는 것이 군대 시절이다. 장교인 아들이 어머니 앞에서

---

11) 트라우마 : 정신에 지속적인 영향을 주는 격렬한 감정적 충격.

부대와 통화를 했다.

"어, 그래? 병원 후송 조치하고 필요하면 휴가 보내도록 해."

"얼마나 다쳤길래 병원에 가라고 하니? 요즘 군대는 참 좋구나. 주말에 공 차다가 다쳐도 휴가 가고. 너희 아버지 군대 생활할 때는 밥을 굶다시피 하고 추워서 고생했다는데. 요새 군대는 군대도 아니지!"

"맞습니다. 요즘 군대 편하죠. 제가 임관한 지 10년인데, 그때 비해서도 엄청나게 편해졌죠. 그런데 지금 아이들은 아버지 시절에 군대 생활을 안 해봤죠. 그래서 생각이나 받는 정신적 충격이 다릅니다."

지금 당장 아프고 힘든 사람은 자기 자신이 가장 아프고 힘들다고 느낀다. 부서장은 다친 사람들을 이해하지 못하는 고참 사원들에게 자주 말했다.

"안전사고가 났을 때 다친 친구들의 상황이 앞서 말씀드린 군대 이야기와 같다. 요즘 사원들을 경험이 없고 철없다고 나무라지 말고, 좀 더 배려해주기를 바란다. 산업재해는 예방하는 것이 가장 중요하나 어쩔 수 없이 발생한 사고에 대해서는 수습이 필요하다. 다친 사람이 최대한 빨리 회복하도록 해야 한다. 간과하면 안 되는 것이 사고로 인한 트라우마 극복이다. 회복 후 다시 회사로 돌아와서 일을 해야 한다. 트라우마가 극복되지 않으면, 일할 때마다 사고 순간이 생각나서 일을 제대로 못 한다. 다친 본인뿐만 아니라 회사를 위해서도 트라우마 극복은 꼭 필요하다. 각별히 신경 써주기 바란다."

공장의 작업자는 관리 대상이 아니다. 그들에게는 배려가 필요하다. 다친 다음에 원인을 찾고 재발을 막는 것은 당연한 일이다. '다치기 이전에 좀 더 세심하게 봤으면 얼마나 좋았을까?' 하는 아쉬움이 남는다. 다친 사람의 심정이 어떨지 생각해보면 이해가 되고, 도와줄 수 있다. 소 잃고 외양간을 고칠 때마다 안전책임이 없는 부서로 가고 싶어진다.

걔는 왜 툭하면 다쳐…. 벌써 몇 번째야!

열심히 일하는 친구가 있었다. 그런데 이 친구가 걸핏하면 다쳤다. 앞뒤 안 돌아보고 일에만 열중하는 스타일이었다. 지시하는 일에 항상 말대꾸 없이 즉시 실행하고, 어렵고 힘든 일도 어떻게든 해내는 스타일의 친구였다. 개인적으로도 친분이 있어 자주 다치는 그가 안타까웠다.

"걔는 일을 못 시키겠어. 일만 시키면 걸핏하면 다치니 안쓰럽네."

사고보고서[12]를 써서 가져오라고 담당 계장에게 지시했다. 사고보고서는 이랬다.

---

12) 사고보고서 : 사고 관련자와 사고 내용을 상부에 제출하기 위해 작성하는 문서. 《KOSHA Guide P-100-2012 공정 사고조사 및 시행계획에 관한 기술 지침》.

이름 : 이갑곤

나이 : 33세

사고 개요 : 쇠톱으로 파이프를 자르다가 톱이 손가락 부위로 타고 올라가면서 검지
와 엄지에 자상이 발생한 사고임.

상해 부위 : 엄지 검지 자상 2cm

사고 경위 : 측온 온도계의 손잡이 길이가 짧아서 사용 시 뜨거우므로 길게 연장하기
위해 파이프를 절단하다가 쇠톱에 손을 긁혀 자상을 입음.

사고 원인 : 파이프를 바이스에 물리지 않고 무리하게 손으로 잡아 쇠톱을 당기는 힘
에 파이프가 움직이면서 톱이 손 위로 타고 올라감. 왼손에 절단 보호 장
갑이 아닌 목장갑 착용

향후 대책 : 가죽 장갑 비치, 파이프를 고정할 바이스 구비

"그 파이프를 왜 자르려 했다고요?"

"열전대 보호 길이 늘이려고요."

"보호 길이 긴 것을 사면 안 되나요?"

"개발 중입니다."

"그러면 미리 잘라두면 안 되나요?"

"측온할 높이가 매번 달라서 그때그때 길이를 맞추어서 잘라야 합니
다."

"그러면 자동 톱을 사용하도록 하죠."

장시간 토론했다. 일을 안 해도 되는 방법, 대체하는 방법, 기계를 사
용해서 사람이 다칠 가능성을 차단하는 방법, 쇠톱 사용 방법, 안전보

호구 사용법 등 위험 요소 제거 5단계[13]에 대해 교육을 시행했다.

그런데 이 친구가 이번에는 착암기를 사용하다가 다쳤다. 깨려는 벽돌의 무게 중심점에 착암기를 정확히 대지 못했다. 착암기를 벽돌 옆부분에 대어 빗나가면서 미끄러졌다. 착암기 몸체와 벽돌 사이에 오른손 약지가 끼어 충격으로 손가락이 골절되었다. 사고 원인 란에 가죽 장갑 미착용, 작업 중 서두름이라고 적혀 있었다. 일이 늦어져서 서둘러서 하다가 다쳤다는 것이다.

"참 답답하네요. 이번에도 장갑 미착용이네요. 작업 표준에 가죽 장갑 혹은 타격 방지 장갑을 끼게 되어 있죠? 사고 원인에는 불안전한 행동과 불안정한 상태가 있다더니, 이 친구는 지난번이나 이번 모두 불안전한 행동을 했네요."

부서장의 긴 훈시가 이어졌다.

'우리가 하는 일에 불안전 요소가 있으면 거기에 대한 안전작업 표준이 있다. 작업자가 지키지 않는 것에 대해서는 철저한 교육 및 지도가 있어야 한다. 불안전한 행동을 방지하기 위해 먼저 해야 할 것이 있다. 안전작업 표준 혹은 안전수칙을 지키지 않으면 작업이 이루어지지

---

13) 위험 요소 제거 5단계 : 위험 요소 대체 →위험 요소 격리 → 설비 등으로 안전 확보(자동화)→ 절차 개선 → 보호구 착용.

않도록 하는 시스템이 필요하다. 생산설비를 보수하거나 운전할 때 한 공정이 끝난 후 안전이 확보되지 않으면, 다음 단계로 진행되지 않도록 인터록을 지정해라.

아무리 교육해도 정신 집중이 안 되면 사고가 발생한다. 지하철의 스크린 도어처럼 사람이 위험한 선로로 떨어지지 않도록 방어조치를 취하라. 지하철 문이 고장이 나서 위험한 상황이 생기는 경우를 대비해서는 안전표지를 붙이고 주의 방송 등의 조치를 병행하라. 공장 내부에서만 안전방안을 찾을 것이 아니라 우리 생활 주변에서 안전을 강구하는 방법을 벤치마킹하는 것도 좋은 방법이다. 사고를 자주 당하는 친구들은 주의 인물로 지정하라. 교육을 강화하고 작업 시 반드시 2인 이상이 같이 하도록 부탁한다.'

안전에 대한 교육과 훈시는 길어졌다. 훈시는 부서장 자신의 다짐이기도 했다. 긴 훈시도 그렇지만 반복적으로 사고를 당하는 직원에게 짜증이 났다. 자주 다치는 친구들을 보면 다른 부서로 보내고 싶은 심정이 들었다.

사고경향성자[14]라는 용어가 있다. 인간의 행동은 그 사람이 가진 자질, 즉 심리적 환경과 관계가 있다. 이런 사람들에 대해서는 재해 경험이 있는지, 주의력이 산만한 것은 아닌지, 작업 자체가 감당할 수 없을 정도로 어려운 것은 아닌지 살펴서 적정한 곳에 배치해야 한다. 지체장

---

14) 사고경향성자 : 재해 다발자를 이르는 말.

애인, 노약자 등에 대해 별도의 보호 조치를 취하는 애정만큼만 있으면 충분히 사고를 방지하는 것이 가능하다. 사고경향성자는 재교육을 해서 불안전한 행동에 의한 사고를 미리 방지하도록 해야 한다.

안 다쳐봐도 된다

회사 최초로 야심 차게 직류[15](DC) 쌍둥이(Twin : 쌍둥이) 전기로를 설치하고, 시험 운전을 시행했다. 1997년 12월 시험 운전을 시작했으나 IMF 여파로 경기가 위축되었다. 생산시간을 줄여 야간작업만 시행했다. 야간에는 선임자(차·부장)와 신입이 한 조가 되어 근무에 들어갔다. 내가 첫 야간 근무에 투입되었다. 설렘 반, 긴장감 반 출근을 서둘렀다. 긴장한 탓이었을까? 주의력이 부족했던 것일까? 안전사고를 당했다.

---

15) 직류 전기로 : 일반적으로 사용하는 교류와는 다른 주기와 방향이 일정한 전기를 사용하는 전기로.

사고보고서

성명 : 이○○

주민등록번호 : 123456-5******

주소 : 인천광역시 *구 **아파트 104-1601

재해 원인 및 발생 상황

일시 : 1998년 2월 3일 23 : 15분경

재해 장소 : ***공장 옥내 고철장

행위자, 행위 내용, 경위, 왜 : 담긴 고철 중 투입구 외부로 늘어진 고철(줄 고철)을 망치로 쳐서 끊어내는 순간, 옆에서 작업 상황을 지켜보던 피재자가 끊어져 퉁겨지는 고철에 안면부(치아)를 맞아 부상을 입은 사고임.

목격자 : ○○○

공장을 돌리려고 원료인 스크랩을 준비하는 중이었다. 옥내 야드 기중기[16] 운전자로부터 무전이 왔다.

"고철이 실타래처럼 엉켜서 버킷(Bucket : 고철을 담아 옮기는 바가지) 외부로 늘어져 움직이지 않는다."

실타래처럼 엉킨 줄 고철을 끊으러 두 사람이 망치를 들고 갔다. 부장과 내가 뒤를 이어 나갔다. 옥내 야드 장입대 위에 서서 고철을 관찰했다. 부장이 내게 지시했다.

---

16) 기중기 : 물건을 달아매서 상하좌우로 운반하는 기계.

"이 대리, 이런 고철은 다음부터 받지 않도록 해요."

"네. 알겠습니다."

부장과 나는 답답한 표정으로 작업 상황을 보고 있었다. 기장은 고철 한쪽을 잡고, 사원은 망치로 고철을 반복해서 때리고 있었다. 어느 순간 무언가가 내 머리를 쳤다. 찰나였다. 턱으로 끈적한 것이 흘러내렸다. 피였다. '아! 이게 안전사고구나. 내가 당하다니….'

부장이 급히 차장을 불러서 병원에 동행하라고 지시했다. 구급차가 ○○대 병원으로 향했다. 그제야 통증이 밀려왔다. '아픈 것이 느껴지니 죽지는 않았구나.' 병원에 도착해 터진 아랫입술을 꿰맸다. 윗니 중에서 부러지고 남은 생이빨을 마저 뽑았다. 거꾸로 매달려 윗니를 빼다 보니 이보다 몸이 더 고되었다.

아내가 딸아이를 둘러업고 왔다. 새벽에는 어머니, 형님 부부까지 먼 길을 왔다. '얼마나 놀라셨을까? 작년 연말 우수사원상을 탔다고 선물에 용돈까지 드렸더니 장하다며 좋아하셨는데….'

어머니가 혼잣말인 양 누구를 탓하는지 모를 말을 하며 가슴을 쓸어내렸다.

"곱게 키워 좋은 회사에서 일 잘하던 내 새끼가 이가 부러졌다. 조금만 더 세게 밀렸으면 하마터면 7m 낭떠러지 아래로 떨어져 죽을 뻔했다."

아내는 말없이 슬픈 눈을 깜빡였다. 이내 소리 없는 눈물이 흐르고 있었다. 회사 일로 아내를 병원에 오게 하다니 가슴이 미어졌다. 이런 게 가슴이 아픈 거구나. 다친 이보다 가슴이 더 저며왔다. 엄마 등에 업힌 아이는 아빠의 모습을 보고 눈을 동그랗게 뜨고 있었다. 작은 눈에서 눈물이 뚝뚝 떨어졌다. 놀란 토끼 눈의 애처로움이 눈에 선하다. 관자놀이가 뜨듯해진다. 아이에게 억지웃음을 보냈다.

안전사고가 나면 누군가는 그 가족에게 연락해야 한다. 누구도 하기 싫은 전화다. 회사에서 전화가 오는 순간, 집에서는 놀라게 되어 있다. 회사에서 집에 전화하는 경우는 세 가지 경우뿐이다. 무단결근으로 연락이 안 될 때, 파업으로 가족을 설득해서 출근하라고 할 때, 그리고 다쳤을 때다. 안전사고가 나서 다쳤을 때 가족에게 전화를 걸어서 무어라 말하나? 별거 아니고 조금 다쳤다고 말해도 믿지 않을 것이다. 그렇다고 가족이 받을 충격에 많이 다쳤다고 말할 수도 없다. 가족은 병원까지 오는 내내 별생각을 다 한다. '혹시 크게 다친 것은 아니겠지?', '얼마나 다쳤을까?' 병원으로 오는 내내 입이 바짝바짝 타들어간다. 그렇게 제정신이 아닌 상태로 온다.

회사에서 일하다 다치는 것은 일생에 남을 흔적이 된다. 평생 트라우마를 가지고 살게 될 뿐만 아니라 가족까지 불안을 느끼며 살아간다.
하룻밤을 꼬박 새워서 치료했다. 아내에게 갈아입을 옷을 병원으로 가져오게 한 후, 옷을 갈아입었다. 다칠 때 입었던 옷을 봤다. 목 아랫부분부터 가슴 주변에 피가 묻어 검은색으로 변해 있었다. 옷을 받은 아내의 얼굴에 말 없는 눈물이 하염없이 흘렀다. 아내를 안아준 후, 바로 회사로 출근했다. 입에는 약솜을 한 덩어리 물고, 얼굴은 퉁퉁 부어 있었다. 상무가 인사를 받으며 칭찬인지, 꾸지람인지 소리쳤다.

"저거 미친놈이다. 저 얼굴을 해서 출근했어. 참 나 원. 너도 일에 환장했구나."

치료 차 3개월의 산재 요양 승인을 받았다. 요양 기간에도 출근해서 업무를 봤다. 요양 기간에 출근해서 다시 다치면 산재 승인도 안 된다. 회사는 벌금을 물게 되어 있다. 업무하는 시간에 틈틈이 나가서 추가 치료를 받았다. 이에는 보철을 했다. 그 후 30년 동안 두 번의 보철 교환을 했다. 보철을 교환할 때마다 사고 순간과 다시 마주친다. 어떨 때는 말을 하다가 상대방 얼굴의 이를 보는 순간에도 사고 순간이 떠올랐다. 지금, 이 순간에도 당시의 상황이 생생히 머릿속에서 파노라마처럼 펼쳐지고 있다. 회사 생활 중 본 다른 사람들의 안전사고들이 스냅사진처럼 지나쳐간다. 한번 안전사고를 겪으면 평생 아픈 느낌과 두려움이 남는다. 이런 경험은 없어도 족하다. 아픔만 남지, 도움이 되는 면은 없다.

이 세상에는 불행히도 장애를 가지고 태어나는 이들이 있다. 안타까운 일이다. 자신의 삶을 행복하게 만들려고 일을 하다가 다쳐 장애인이 되는 안전사고는 더욱 안쓰럽다. 통계청 자료(2021)에 의하면, 우리나라

장애인 265만 명(5.2%) 중 37.1%가 사고로 인해 발생한다고 한다. 찰나의 사고로 영구적인 장애를 얻게 된다. 평생 한 번도 생각해보지 못한 좌절을 안고 살아가야 한다. 안전사고의 후유증이다.

일터는 적과 싸우는 전쟁터가 아니다. 전쟁 연습을 하는 훈련장도 아니다. 안타깝다. 행복한 자신의 삶을 가꾸려는 일터에서 다친다. 꿈이 깨어지고 좌절을 안고 살아가야 하는 현실은 너무도 가혹한 흔적으로 남는다.

작업 중지는
노동자의 권한이다

2005년 말, 전기를 이용해 고철을 녹여서 철근용 소재인 빌레트[17]를 만드는 공장의 부서장으로 부임해 햇병아리 공장 책임자가 되었다. 내가 부임하기 얼마 전, 일명 '배추밭 사건'이 있었다. 쇳물을 끓일 때 불순물을 함유한 거품(슬래그)이 떠올라서 흐른다. 이 슬래그를 처리하는 공장에서 나온 가루가 주변 농가의 배추밭을 뒤덮었다. 인근 주민들이 배추를 들고 와서 제철소 때문에 쇳가루와 먼지가 날아와서 배추를 못 먹게 되었다고 난리를 쳤다. 그 여파로 환경에 잔뜩 신경이 곤두서 있던 때였다.

철근은 다른 철강 제품에 비해서 가격이 싸므로 경쟁력을 위해서는

---

17) 빌레트(Billet) : 쇳물에 물을 뿌려 냉각해서 긴 모양을 만든 후, 가열해서 누르면서 잡아당겨 철근을 만드는 재료.

싸구려 고철(스크랩, Scarp)[18]을 원료로 투입한다. 최대한 싸게 만들기 위해 질이 낮은 고철을 사용하다 보니 먼지 등 불순물이 혼입되어 들어오는 사례가 많다. 전기를 가하고 산소를 불어 넣으면 먼지가 포함된 가스가 많이 발생한다. 가스를 잡아당겨서 한곳으로 모으는 설비(집진설비, 集塵設備)도 용량의 한계가 있다. 심할 때는 미처 빨아들이지 못한 먼지와 가스들이 건물 내부에 가득 찼다. 이때는 잠시 공장을 멈추고 집진기가 먼지를 어느 정도 빨아들일 때까지 기다려야 했다. 가스나 먼지가 공장 밖으로 나가는 날에는 민원이 발생하거나 환경부 단속에 걸린다. 공장 정지 명령이 내려질 수도 있다. 공장 가동 정지는 생산 손실로 이어져 회사 매출이 감소한다. 환경이 생산을 저해하는 요소가 되는 것이다.

그러던 어느 날, 가스 상태도 관찰하고, 안전 점검도 하기 위해 공장 내 가장 높은 곳에 위치한 기중기에 올라갔다. 먼지가 많이 발생해서 공장 건물 내를 가득 채웠을 뿐만 아니라 건물 밖으로 새어나가기 일보 직전이었다. 전기로 운전실로 무전을 쳐서 작업을 중지하라고 지시했다. 산소와 전기 공급을 중지해야 먼지 발생이 줄어든다. 공장을 세우라고 지시했는데 중지하지 않았다. 무전기에 대고 쌍소리를 섞어 악을 썼다.

---

18) 고철(古鐵, SCRAP) : 공식용어는 스크랩(Scrap)이나 독자의 이해를 돕기 위해 이 책에서는 고철이라는 용어를 사용했다.

"야! 전기로, 불 끄란 말야. 왜 안 꺼? 작업 중지하라고!"

그제야 전기로 작업이 중지되었다. 부리나케 내려와서 전기로 작업
지휘소로 갔다. 문을 열면서 누구에게라고 할 것 없이 소리쳤다.

"중지하라는데 왜 조업을 계속합니까? 부서장 말이 말 같지 않습니
까?"

쇳물 끓이는 대장인 계장이 눈길을 피하며 혼잣말하듯 투덜댔다.

"생산이 중요하지. 먼지가 대순가? 쇳물쟁이 15년 만에 전기로 불
끄라는 부서장은 처음이네. 쯧쯧."

그랬다. 그 시절 우리는 위에서 아래까지 생산을 제일 중요하게 생각
했다. 환경과 안전은 부수적인 문제였다. 생산에 밀려 뒷전이었다. 생
산, 품질에 문제가 있을 때는 작업을 중지했다. 설비에 문제가 있을 때
수리하지 않으면, 더 많은 양의 생산 손실이 발생한다. 품질에 문제가
있는데 개선 없이 생산하면 불량품이 발생해 손실이 커진다. 불량품은
누구도 사 가지 않고 팔 곳도 없다. 반면, 안전이 불안할 때는 그저 조
심하면서 어려운 작업을 수행했다. 어쩔 수 없는 것으로 여겼다. 아이
러니하게도 이순신 장군이 말했다는 '장수는 죽음을 등짐처럼 지고 다
니는 것이다'를 패러디했다. '쇳물쟁이는 작은 화상 정도는 누구나 훈

장처럼 달고 일하는 것이다'라고 여겼다. 안전은 뒷전이었다.

협력업체나 하청업체에 일이 배당되었을 경우는 더하다. 원청은 더욱 싼 비용과 효율이라는 목적을 달성하기 위해 하청업체에 일을 준다. 직영 노동자가 하면 더 효율적인 일을 굳이 하청을 줄 이유는 없다. 하청업체는 정해진 기한 내에 일을 처리해야 하니 무리를 하는 것이 일상이다. 이는 위험을 감수하며 일하는 구조적인 문제를 가져올 가능성을 높인다. 위험을 알아도 그저 피해가면서 일한다. 가동을 정지하거나 문제점을 건의하기 힘든 분위기가 만들어지기도 한다. 안전을 고민할 시간도, 심적 여유도 없다.

대기업은 그나마 노조 활동의 영향으로 확실한 위험이 있으면 공장 정지를 주장하고 안전대책을 요구한다. 노사합동 안전 점검도 수행한다. 그러나 아직도 개인이 위험을 감지했을 때, 즉시 문제를 제기하거나 작업 중지를 하는 데는 분위기상 어려움이 있다. 공장 가동 정지, 즉 생산 중단이 초래할 영향을 염려하기 때문이다. 어차피 생산이 미달되면, 그만큼을 추가로 생산하기 위해 일할 사람은 노동자 자신이다. 노동자는 생산활동을 하고 그 대가로 먹고산다. 생산, 품질, 원가의 경쟁력을 확보해야 회사가 돈을 번다. 그 돈으로 월급을 받고 생계를 꾸려나간다. 당연히 회사의 경쟁력을 높이기 위해 일하는 것이 의무이자 미덕이라고 여긴다. 이를 머리가 알고 몸이 알아서 움직인다. 우리의 행복을 제쳐두는 셈인데도 안전을 후순위로 둔다.

내가 없으면 이 세상은 없다. 나의 몸이 안전하게 존재하지 않으면 생산활동을 할 수 없다. 돈을 벌지 못한다. 돈이 있어도 행복하게 살 시간이 주어지지 않는다. 행복을 위해 내 몸을 보호할 의무가 있다. 동시에 내 몸이 위험을 감지했을 때 작업을 중지할 권한이 있다. 안전 확보를 위한 작업 중지[19]는 노동자의 권한이다. 한 번의 작은 위험 감수가 다음에 큰 위험이 되고, 행복의 기본조건인 안전을 파괴한다. 작은 위험 요소를 해결해야 나와 동료, 우리의 행복을 지킬 수 있다. 안전한 작업이 노동자의 행복뿐만 아니라 관리자와 사업주에게도 득이 되는 길이다.

---

19) "위험하면 노동자가 작업 중지, 대법의 의미 있는 판결", 〈오마이뉴스〉, 2024. 02.

안전은 구호가 아니다

입사 후 처음 유니폼을 받았다. 유니폼의 오른쪽 어깨에는 회사 로고가 붙어 있고, 왼쪽에는 녹색 십자가 주위에 '안전제일'이라고 쓰여 있다. 안전이 무엇인지도 모르는 내가 입어야 할 옷에 안전제일이라고 쓰여 있었다. 1990년대 초 당시에는 생산공장에서는 아무도 신경을 쓰지 않는 마크였다. 심지어 자기 유니폼에 그런 게 있는지도 모르고 입었다. 아무런 실체가 없었다. 구호와 관련한 어떤 실행도 없었다. 그저 옷에 새겨진 무늬였다.

내 어린 날 듣고 보고 외치던 구호 '때려잡자 김일성, 무찌르자 공산당'이 머릿속에 소환되었다. 전방 지역이라 집 주위에 군부대도 많았다. 부대 정문 아치에도 담벼락에도, 학교 복도에도 여기저기 붙어 있었다. 어려서부터 봐와서 동네 어귀에 있는 새마을 운동이나 4H 표지

석처럼 생활의 일부와 같았다. 그러나 실체는 없었다. 교내 반공 웅변 대회 연단에 선 친구들이 공중으로 팔을 휘저으며 외쳤다. 이곳저곳 벽에 붙은 포스터에서도 아이들은 한목소리로 외치고 있었다.

"때려잡자 김일성, 무찌르자 공산당."
"김일성이 무슨 돼지도 아니고, 사람 이름은 맞는데 어딜 가야 때려 잡을 수 있다냐."

나와 친구들은 킥킥대며, 따라서 외쳤다. 아이들과는 상관없는 추상적인 말이었다. 실체가 없는 구호들이었다. 아무튼 이 구호는 머릿속에라도 남았다. '안전제일'이라는 구호는 외친 적도 없었고, 특별히 주의를 끌기 위한 다른 행사나 교육도 없었다. 차 안에서 멀리 보이는 경치 같았다. 일터의 배경이었다.

생산계획을 작성해야 작업을 할 수 있다. 작업을 해야 제품을 만들수 있다. 작업 환경에 대한 법적인 요건을 갖추어야만 작업이 가능하다. 주기적인 작업 환경 점검을 한다. 안전에 대한 계획은 없었다. 안전을 위해 한 일도 없었다. '안전제일'이라면서 계획도 세우지 않았다. 계획을 세워야 한다는 생각도 없었던 시절이었다. 실체가 없는 무의미한 구호였다. 행동 주체가 없는 한낱 헛소리들이었다. 보이되 머리에 들어오지 않는 글자들의 나열이 된 지 오래였다.

그 후로 안전마크나 글자에 신경 써본 적이 없다. 30여 년이 지난 어느 날, 독일에서 온 기술 고문이 마크와 글자가 무슨 뜻이냐고 물었다. 'Safety First'라고 했더니 독일에는 그런 구호가 없다며 알 수 없는 미소를 지으며 말했다.

"안전은 어려서부터 기본적으로 몸에 익혀야 한다. 공장 설계, 건설 및 초기 가동 때부터 기본적으로 반영되어야 한다. 안전은 일상이어야지, 구호로 되는 것이 아니다."

미소의 정체는 안타까움이었다. 그들의 안전은 구호나 법으로 하는 단계를 넘어선다는 뜻이었다. 안전은 그림이나 구호가 아닌, 일상에 스며들어 있어야 한다는 의미였다.

'Safety First'를 검색해봤다. 이 안전슬로건은 1906년경 미국의 철강업이 불황의 늪에 처해 있을 때 미국 철강회사 유에스 스틸(US Steel)의 회장인 E. H. 게리(E. H. Gary)가 실천한 회사 경영의 기본방침에서 유래되었다. 회사 경영의 기본방침을 안전 제1, 품질 제2, 생산 제3으로 개정하고 안전작업에 관한 시책을 강화해서 실행한 결과, 제품의 품질도 생산량도 향상되었다고 한다. 안전 일상화의 시작이었다.

'Safety First'를 직역한 것이 '안전제일'이다. 구체적인 실행 방법에 대한 어떤 조사나 계획은 없이 구호만을 답습해왔다. 대한민국 산업현장의 안전에 대한 인식이었다. 2000년대 들어서 조금씩 생산계획, 공장 수리계획을 세우면서 안전대책을 작성해 첨부하기 시작했다. 안전

조직도 강화되기 시작했다. 그럼에도 불구하고 안전제일은 여전히 구호로만 제일이었고, 생산, 품질, 원가에 밀려 있었다. 회사는 안전을 위해 존재하는 것이 아니라 이익을 위해서 존재한다. 군인은 전쟁을 위해 있으니 전투 중에 부상당하거나 전사하는 것이 불가피하다. 우리는 일상을 전투처럼 살고 있었다. '돈을 위해서는 생산이 중요하다', '열심히 일하다 보면 다칠 수도 있다'라는 안일한 생각 속에 회사생활을 해왔다. 이런 자세가 세월호 사고, 이태원 사고 등의 시민 재해를 우리의 자화상으로 만들었다. 안전의 일상화를 위해서는 생산처럼 계획이 필요하다.

'안전제일'이라고 주장만 할 것이 아니다. 구호에 걸맞은 안전조치계획을 먼저 수립해야만 한다. 우리는 어떤 행사를 진행하면 시간대별 혹은 주요 이벤트별 계획을 세운다. 이때 안전계획을 동시에 수립해야 한다. 지금까지의 '빨리빨리'라는 효율 문화에서 벗어나 안전에 집중해야한다. 안전계획은 주어지는 것이 아니라 만드는 것이다.

'빨리빨리' 문화는 결과만을 목표로 한다. 과정을 무시한다. 안전사고는 과정 중에 발생한다. 모든 과정에서 안전을 저해하는 요소를 사전에 발굴해 안전계획을 수립하고 실행해야 한다. 과정 중의 위험에 대비해야만 안전을 담보할 수 있다. 안전계획 수립은 생산, 품질, 원가의 필수 불가결한 전제조건이다. 안전구호를 현실적 실행방안으로 전환할 때다.

안전한 일 체크리스트

5점 만점으로 기록해 합계 70점 이상이면 당신은 안전하게 일하는 노동자다.

번호	항목	점수(5점 만점)
1	나는 일하면서 안전수칙을 준수한다.	
2	나는 작업의 안전작업 표준을 알고 있다.	
3	나는 안전작업 표준을 지키며 일한다.	
4	나는 정해진 작업순서를 지키는 편이다.	
5	나는 작업 중 이상이 생기면 새로운 위험이 없나 살핀다.	
6	나는 내 작업장의 아차 사고 사례에 대해 알고 있다.	
7	나는 내 작업장의 위험요인을 알고 있다.	
8	나는 몸이 조금만 이상하면 병원으로 간다.	
9	나는 작업 전, 중, 후 동료의 위치를 확인한다.	
10	나는 작업 중 위험하다고 판단하면 작업을 중지한다.	
11	나는 회사의 안전목표를 알고 있다.	
12	나는 위험성평가에 참여한다.	
13	나는 안전작업 표준 작성에 참여한다.	
14	나는 안전교육시간 시작 전에 교육장소에 도착한다.	
15	나는 작업 전에 TBM에 참여하는 편이다.	
16	나는 내 작업 중에 필요한 안전보호구를 알고 있다.	
17	나는 안전에 문제가 있으면 건의하는 편이다.	
18	나는 내가 사용하는 설비의 방호장치에 대해 알고 있다.	
19	나는 사내 안전 긴급전화번호를 알고 있다.	
20	나는 산재보험 신청 절차에 대해서 알고 있다.	
계		

2장

관리자는 안전한 일터

호랑이 굴에서 정신 차리라고?
글쎄…

　내가 부서장(안전보건관리감독자)으로 있는 공장에서 중대재해[20]로 예상되는 사고가 발생했다. 5명이 병원으로 실려갔다. 머릿속이 텅 비며 띵했다. '무엇부터 해야 하나?' 머리가 아니라 행동부터 했다. 여느 때 겪은 안전사고 수준이길 바라는 실낱같은 기대감이 몸을 움직이게 하는 힘이었다. 우선 공장으로 가서 직접 눈으로 상황 파악을 하는 것이 급선무였다. 사고 시에는 설비 사고든, 인명 사고든 무조건 현장으로 출동해서 눈으로 직접 확인해야 한다. 현장부서를 맡은 자의 숙명이었다. 정신을 제대로 차려야 했다. 머리가 또 다른 나에게 명령했다. '정신 차려!'

---

20) 중대재해 : '중대재해'란 산업재해 중 사망 등 재해 정도가 심하거나 다수의 재해자가 발생한 경우로서 고용노동부령으로 정하는 재해를 말한다(산업안전보건법 제2조(정의)).

전날, 오랜만의 회식은 편안하고 즐거웠다. 제철소의 꽃이라고 불리는 제강부 부서장으로 온 지 100일 되는 날을 자축하는 자리였다. 부서장으로 부임해 부서에 가장 필요한 것이 무엇인지를 직원들에게 물었다. 선정된 것은 현장 작업자들과의 '소통 부재'였다. 현장의 요구가 400여 건이었다. 차장이 현장과 대화해 항목 수를 줄였다. 간추린 100여 개의 항목을 갖고 부서장이 직접 현장 직원들과 협의했다. 부서가 자체적으로 결정할 수 없어서 위에 보고해야 하는 일 다섯 건만 남았다. 이제 생산을 위한 일을 제대로 할 수 있으리라는 생각이 들었다.

아무 탈 없이 현장 직원들과의 갈등을 해결했다. 자화자찬하면서 신나게 먹고 마셨다. 간만에 기분 좋게 취해 잠이 들었다. 밤 1시, 잠에서 깨어나 핸드폰을 들여다봤다. 안전팀장의 전화가 와 있었다. 공장 교대 계장의 전화번호도 두 건이나 떠 있었다. 불안감이 정수리를 싸하게 감싸며 흘러내렸다. 제철소 전체의 안전을 담당하는 친구의 전화, 늦은 시간의 현장에서의 전화는 늘 뻔한 것이었다. 100% 안전사고다. 머리가 딴 세상으로 빨려들어 갔다. 눈이 보이지 않고 귀가 들리지 않았다. 몸의 모든 감각이 정지했다. 모세혈관 저 끝이 아려오면서 번뜩 정신이 들었다. '잔머리 굴리지 말고 움직여라. 생각이 문제를 해결하지 않는다.' 안전팀장에게 전화를 걸었다. 안전팀장이 숨을 몰아쉬며 말했다.

"야! 술 먹었냐? 정신 차려! 5명이 쓰러져서 종합병원으로 실려갔대! 의식이 없대! 빨리 회사에 나가봐!"

담당 이사에게 전화로 보고했다. 이사는 환자들이 실려간 병원으로 가겠다고 했다. 생산실장에게 전화했다. 연결되지 않았다. 세 번을 더 걸었다. 여전히 받지 않았다. 생산본부장에게 전화를 걸었다. 정신없이 되는 대로 말했다.

"보수 마지막 날이었다. 5명이 쓰러졌다. 이사가 병원으로 갔다. 나는 현장으로 가서 상황 파악 후 다시 보고하겠다."

귀로 들은 것만으로는 정확한 파악이 되지 않았다. 내 눈으로 보지 못한 것을 보고할 수는 없다. 머릿속은 조금이라도 빨리 상황 파악이 되기를 바랐다. 더 이상의 정보는 들어오지 않았다. 마음은 달음박질했다. 아파트를 내려가서 차 문을 열려는 순간, 주머니에 차 키가 없었다. 다시 17층 숙소를 향하는 엘리베이터 안에서 초조하게 표시되는 층수를 쳐다봤다. 머릿속에 무엇이 있는지 알 수 없을 만큼 어지러웠다. 머리에 갑자기 뚫린 구멍으로 여러 생각이 들어왔다가 나가길 반복했다. 자동차 키가 보이지 않았다. 어젯밤 입었던 옷의 주머니를 뒤졌으나 키는 종적이 없었다. 소변이 마려워 들어간 화장실 바닥에 키가 떨어져 있었다. 머리를 세면대에 대고 찬물을 틀었다. 머릿속을 누가, 무엇이 지배하고 있는지 갈피를 잡을 수 없었다. 마음을 다잡았다.

'정신 차리자. 호랑이 굴에 물려가도 정신만 차리면 산다는데….'

차를 몰고 2차선 도로를 시속 100km로 달렸다. 정문 앞에는 구급차, 소방차, 경찰차들이 어지러이 구경거리라도 난 듯이 널려 있다. 어지러운 조명들이 서로를 비추어댔다. 사무실에서는 로재 팀장과 직원 2명이 의논들을 하며 보고서를 쓰고 있었다. 사고 현장에 누가 있는지 물었다. 안전팀 사람들과 소방대가 나가 있다는 답이 돌아왔다. 버럭 소리를 질렀다. 나 자신에게 정신을 차리라는 외침이었다.

"아니, 우리 생산실 직원 누가 있냐?"

현장으로 갈 준비를 하면서 다시 물었다.

"몇 명이 어쩌다 쓰러졌다고 하냐?"

'5명이고 감전인 듯하다'라는 어정쩡한 답이 돌아왔다. 사고보고서를 작성하느라 정신이 없는 그들을 뒤로하고 현장으로 나갔다. 공장 입구에도 구급차, 경찰차들이 빛을 번쩍이며 서 있었다. 그들이 눈에 들어올 리 만무했다. 현장에 도착해서 들어보니 로 내에 5명이 진입한 직후 작업대를 철거하는 순간 4명이 먼저 쓰러졌다. 나머지 한 사람이 "전기 꺼"라고 소리치고 바로 쓰러졌다고 했다.

15년 전 내가 당한 안전사고의 잔인한 기억이 머리 저편에서 스멀대며 올라왔다. 악몽을 눌러버리려 이를 악물고 머리를 흔들었다. 사고 때 다친 이가 시려왔다. 사고 발생 순간, 병원으로의 이송, 병원에서 마주한 아내의 애처로운 눈빛, 아이의 놀란 토끼 눈, 아빠를 안아줄 때의 애절함, 어머니의 슬픈 얼굴과 비통한 말투, 밤새 거꾸로 매달려서 받은 치료 장면이 펼쳐졌다.

'지금 이 사고는 15년 후 어떤 영상과 기억을 내 머릿속에 남겨놓을까?'

새로운 두려움이 몰려왔다. 정신을 차려야 했다. 사고로 이를 다쳤을 때는 나는 실무자인 대리였다. 마음을 다잡았다.

'중대재해 소용돌이에 있는 지금 나는 400명이 근무하는 공장의 책임자다. 상황을 정리하고 공장을 수습해야 할 부서장이다. 안전보건관리감독자다.'

그렇게 중대재해의 어두운 터널이 시작되었다. 사고조사, 공장의 재가동, 재판까지 이어지는 2년여의 지난한 길을 걷게 되었다. 그 질곡은 내 인생에 쓰라린 기억으로 남았다. 내 가족에게도 많은 상처를 주었다. 사고를 당한 분들과 유가족에게 미친 슬픔에 비할 바 아니었으나 중대재해는 누구에게라고 할 것 없이 큰 상처를 남기고 정신까지 지배해버린다. 몸과 마음, 그리고 가정까지 불행의 소용돌이에 휩쓸린다.

누구도 아무것도
준비하지 않았다

임진왜란이 일어나기 직전, 조선 조정은 일본의 침략 여부를 알아보기 위해 통신사를 파견했다. 그런데 다녀온 통신사들의 의견이 서로 달랐다. 조선의 전쟁 준비는 매우 부실했다. 그 와중에 나름, 전쟁에 대한 대비책을 마련했다. 조정은 파격적인 승진 인사라는 반대를 무릅쓰고 이순신을 전라 좌수사로 임명하고 일본의 변화를 예의 주시했다. 전쟁은 터졌다. 전란 초기, 임금이 의주까지 도망갔다. 전 국토는 전쟁의 화마에 휩쓸렸다. 준비를 소홀히 한 대가는 가혹했다. 7년 동안의 전쟁에서 전 국토 경작지의 3분의 2가 황폐화되었다. 전체 인구의 5분의 1이 감소했다. 수많은 문화재가 불타고 약탈되었다. 상상 이상의 피해를 봤다. 모든 일에 있어서 사전에 준비하지 못한 대가는 늘 예상보다 엄청나다.

아르곤 가스로 인한 산소 결핍으로 5명의 꽃 같은 목숨을 잃었다. 어떤 조처를 했으면 사고가 나지 않을지 누구도, 아무것도 들여다보지 않았다. 무엇을 준비하지 않아서 5명의 아까운 목숨을 잃는 불행한 일이 벌어진 것일까?

현장의 최고 지휘자이며 안전관리감독자인 기장[21]이 부서장에게 부탁인지, 요구사항인지 모를 말을 했다.

"부서장님, 공장이 돌아가기 시작한 지 3년이 지났습니다. 고사 아니, '안전기원제'를 한 번도 지내지 않았습니다. 한 번 지내게 해주세요."

부서장이 웃으며 말했다.

"저는 그런 이상한 것 안 합니다. 지금껏 한 번도 안 했습니다. 죄다 미신입니다."

부서장은 안전에 아무런 대비도 안 되고, 효과도 없는 '안전기원제'를 달가워하지 않았다. 고사는 안전을 예방해주지 못한다. 그저 겉치레에 형식적인 행사일 뿐이다. 기장은 입이 댓 발 나와서 현장으로 돌아갔다. 계속되는 기장의 푸념과 종알거림에 못 이겨 부서장은 고사에 대한 태도를 바꿨다. '그래, 고사를 꼭 미신이라고 치부하지 말고, 그냥 우

---

21) 기장(技長) : 일을 하는 현장이나 공장에서 경력과 기술이 뛰어나며, 노동자들을 이끄는 현장 최고책임자.

리 풍습이라고 생각하기로 하자. 직원들이 그리 바란다면, 사기 진작 차원에서 한번 지내자'라는 마음으로 고사를 허락했다. 높은 사람들이 와서 절도하고 돈도 낸다. 회사가 행사비도 지원한다. 그리들 원한다면 한 번 지내도 나쁘지 않으리라 여겼다. 기장은 신이 나서 고사(안전기원제)를 진행했다. 무언가 묵은 숙제를 했다는 듯한 기장의 잘난 척도 받아들이기에 따라서는 괜찮아 보였다. 나름 자신이 아랫사람들에게 면이 섰다는 듯한 표정으로 사기가 올라 있었다.

하지만 역시 쓸데없는 짓이었다. 안전사고는 터졌다. 사고는 나고 말았다. 고사는 안전문제를 해결하지 못했다. 그저 단순한 자기만족이고 마음 편해지자고 하는 허튼짓이다. 엉뚱한 곳에 힘을 낭비했다. 차라리 그 시간에 안전에 대해 고민하고, 살펴볼 일이었다. 안전에 대한 예방 시스템이 필요했다.

자연은 원칙대로 흘러간다. 예외가 없다. 기도하고 기원한다고 해도 일어날 일은 반드시 일어난다. 행동이 없는 마음만으로 일어날 일을 막을 수는 없다. 아무리 도를 닦고 정신 수양을 해도 신선이 될 수 없다. 피아노 치는 책을 수만 번 읽고, 외운다고 해도 피아노를 칠 수는 없다. 손가락으로 연습하지 않는 한 피아노 소리는 나오지 않는다. 병원에 가지 않고 치성을 드리고 기도해도 병마는 사람을 놓아주지 않는다. 볼거리를 이용해 사기를 북돋운다고 해서 일어날 사고를 피할 수는 없었다. 모든 열매 안에는 바람, 비, 벼락이 다 들어 있다. 농부의 손을 거치고 계절이 지나야만 열매가 맺는다. 대가 없는 점심은 없다.

회사는 공장의 위험성을 파악하지 않았다. 사고를 막을 준비는 하지 않았다. 회사는 행정적으로 조치해야 할 일도 하지 않았다. 2011년 산업안전보건법이 개정되어 질식사고를 막기 위한 '밀폐공간 작업 프로그램'[22]이 추가되었다. 2012년 10월이 되어서야 시행을 시작했다. 해당 프로그램이 현업부서에 전달되기까지는 시일이 촉박했다. 공장에서 실행되기까지는 시간이 부족했다. 설상가상으로 사고 난 작업장은 밀폐공간 대상에도 포함되지 않았다. 사고는 2013년 5월 발생했다. 기본적인 안전시스템 도입에 대한 준비가 부실했다.

시스템의 도입이 부실했다는 증거는 사고조사 과정에서 여실히 드러났다. 동일한 작업을 17번 수행하면서 작업 표준만 있었다. 안전작업 표준은 마련되어 있지 않았다. 종전에 타 회사에서 근무했던 이들의 기억 속에서 불러낸 작업 방법에만 의지했다. 실제 일을 하는 작업자들은 타사 작업에 대해 견학조차 하지 못했다. 일의 효율에서는 어느 정도 성과를 냈지만, 안전사고에 대한 대비는 소홀했다. 안전에 대한 무관심은 안일함을 가져왔다. 비정상을 일상으로 삼도록 방치했다. 위험을 인지하지 못했다.

---

22) 밀폐공간 작업 프로그램 : 산소 결핍, 유해 가스로 인한 질식 · 화재 · 폭발 등의 위험이 있는 장소에서 안전작업 지침 《산업안전보건기준에 관한 규칙》 10장.

전로 보수작업에 대한 위험성 평가도 시행하지 않았다. 위험성 평가는 제도적인 개념이었다. 아직 현장에 문화로 녹아들지 않은 상태였다. 이러저러한 사연으로 차일피일 미루어졌다. 현장에서 실행하지 않은 제도는 무용지물이다. 실제 작업에서도 사고 내기에 충분(?)히 무지한 행태를 드러냈다.

작업자가 전로에 들어가면 내부에 바람을 공급했다. 산소 부족에 대비한 환기가 아니었다. 더위를 막으려는 조치였다. 그나마 이 조치가 작업자들의 탈진, 산소 부족을 막아주고 있었다. 가스에 대한 주의사항도 부근 다른 전로에서 들어올지 모를 폐가스에 대한 주의사항이었다. 산소 부족을 몰고 올 아르곤 가스에 대한 대책이 아니었다.

전로 보수 시 운전이나 정비를 담당하는 현장 직원의 교체에 대한 OJT[23] 교육도 형식적이었다. 실제 교육은 전임자에 의한 구두 전달로 끝내고 있었다. 3년 동안 공장 가동 정상화, 생산성 증대, 제품 개발에만 집중했다. 안전에 대한 준비는 미진했다. 안전을 도외시한 대가는 노동자 5명의 질식사고로 남았다.

1명이라도 보수 과정의 위험성을 조사했다면, 보수한 이후에 시간 단축 외에 다른 요소들을 한 번 되돌아봤다면, 타사의 보수를 한 번이라도 견학했다면, 타사의 사고 사례 정보라도 있었다면…. 모든 부분에

---

23) OJT(on-the-job training) : 사원교육 훈련 방법으로 피교육자가 직무에 종사하면서 지도교육을 받는 것으로 업무 중단이 없으며 실질적이고 효율적인 직접교육 훈련 방법.

아쉬움이 있었다.

모든 위험 요소가 겹쳤고 아무것도 행해지지 않았다. '스위스 치즈 모델'[24]이라는 사고이론이 있다. '여러 가지 위험 요소 중 하나만의 원인으로 사고가 발생하지 않는다. 여러 요인이 겹쳐서 사건이 일어난다'라는 이론이다. 예를 들면 '눈이 오고, 얼어붙은 빙판길에서 횡단보도를 건너다가 넘어졌다. 넘어지면서 팔을 짚어 골절상을 당했다'라거나 '횡단보도에서 뛰었다. 마주 오는 사람과 부딪쳤다. 미끄러운 구두를 신었다. 신호등이 점멸 신호여서 서둘렀다' 같은 사건이다. 이 중 하나만 없었어도 넘어지지 않을 수 있었다. 여러 원인이 동시에 겹쳐서 하나의 사고가 일어난다. 질식사고는 시스템의 문제, 작업자의 문제 등 모든 위험 요소가 겹쳐서 사고로 이어진 종합적 문제였다. '소 잃고 외양간 고치기' 선례가 되었다. 이미 돌이킬 수 없는 사고를 겪었지만, 철저한 개선이 필요했다. 유비무환(有備無患)의 교훈을 뼈저리게 느끼게 했다.

사고가 일어났던 회사는 현재는 밀폐공간 작업 프로그램을 수행하고 있다. 작업 환경을 개선했다. 더욱더 완벽한 것이 되도록 개선된 내용에는 문제가 없는지 돌아봐야 할 때다. 위험에 대한 대비는 아무리 과해도 지나침이 없다. 내 일터에는 안전사고에 대한 준비가 소홀한 것이 없는지 한 번이라도 더 살펴보고 준비할 때다. 지금, 이 순간이 바로 그때다. 준비하지 않으면 사고는 오고, 대가는 참혹하다.

---

24) 스위스 치즈 모델 : 사고발생 과정을 치즈 숙성과정에서 특수한 박테리아가 배출하는 기포에 의해 구멍이 숭숭 뚫려 있는 스위스(Swiss) 치즈를 가지고 설명하는 이론.

안전에도 정보가
있어야 한다

가끔 고향에 가면 40여 년 전 다녔던 초등학교 앞을 지난다. 차를 교문 앞에 세워두고 운동장으로 들어가 벤치에 앉아 커피 한잔을 하며 옛 추억을 불러본다.

몸치였던 터라 운동을 별로 탐탁지 않게 여겼던 기억이 떠올랐다. 체육 시간이 싫었다. 그리고 운동회 때는 뒤따라오던 친구 녀석에게 잡히지 않으려 달음박질치다가 하필이면 삶은 달걀 함지에 넘어진 일도 있었다. 아버지는 그때 달걀값을 전부 물어주셔야 했다. 덕분에 터진 삶은 달걀을 닭 똥내 나도록 먹었다. 전교 부회장으로 선출되고 나서 월요 조회 때 임명장을 받던 쇠로 된 녹색 사열대가 덩그러니 놓여 있다. '그 넓던 운동장이 왜 이리 작아졌을까? 그때는 엄청나게 컸는데…' 혼자 추억의 바다에 잠겼다. 이내 세월을 등에 업고 차로 향했다.

집으로 향하는 길에 초등학교 5학년 시절의 추억이 뒤를 따른다. 겨울이었다. 운동장에는 대포알 떨어지듯이 함박눈이 퍼붓고 있었다. 아이들이 모두 몰려나왔다. 함박눈이 오는 날은 겨울이어도 춥지 않고 뛰어놀기에 좋았다. 축구 하는 아이들, 그저 달음박질하는 아이들, 운동장 바닥에 선을 긋고 가이상[25] 하는 아이들, 한쪽에서는 마냥 신나서 눈을 뭉치고 던지면서 싸우는 아이들, 웃다가 소리 지르고 우는 아이들이 뒤섞여 있었다.

멀리서 고함 소리가 눈 소리에 파묻혀서 끊어졌다가 이어졌다 했다. 주변이 왁자지껄하다가 서서히 조용해지고 있었다. 사열대 쪽으로 아이들이 하나, 둘 모이고 있었다. 사열대를 지난 아이들은 옷에 덮인 눈을 털며 교실로 들어갔다. 사열대 앞에는 우산을 쓴 교장 선생님이 폭설 속에서 아이들에게 때아닌 훈시를 하고 있었다. 어린 마음에 속으로 투덜댔다. '매주 월요일마다 긴 시간 훈시를 하시더니, 신나게 노는 애들을 왜 못 잡아먹어서 난리래.' 아이들은 사열대 앞으로 모이고 있었다. 남들이 가니 나 역시 영문도 모르고 뒤를 따랐다. 교장 선생님은 우산을 한 손에 들고 아이들에게 폭풍 잔소리를 퍼붓고 있었다.

"야, 이 녀석들아. 지금 눈 맞으면 큰일 나. 방사능 오염되면 어쩌려고? 어서 눈 털고 교실로 들어가."

---

25) 가이상 : 땅바닥에 금을 긋고 하는 놀이. 오징어 가이상, ㄹ 자 가이상 등이 있었다.

'방사능? 그게 뭐야?' 두리번거리며 눈으로 물었다. 아이들은 그저 눈만 끔뻑이며 '너는 아니?' 하는 표정으로 마주 봤다. '눈 맞으면 안 된다. 어서 다들 교실로 들어가라'는 선생님의 지시가 이어졌다. 아이들은 등을 떠밀려, 쫓기듯이 교실로 들어갔다. 담임 선생님은 눈을 깨끗이 털고 수건으로 닦으라고 했다. 눈을 털면 재미가 없어지기라도 하듯이 억짓손으로 눈을 털었다.

내용은 이랬다. 중공(중국공산당이라는 의미로 1992년 수교 전에는 중국을 '중공'이라고 불렀다)이 핵실험을 해서 공기가 오염되어 방사능이 나올 수 있다. 눈에 묻어서 나오면 방사능 농도가 짙어져 몸에 피해가 올 수 있다는 말이었다. '미리 알려주었어야지. 알려주지도 않고 아이들에게만 난리야. 조회 때는 아무 말도 없더니, 인제 와서 난리람.' 선생님들도 눈이 오고 나서야 알았다는 사실을 후에 들었다. 정보의 사전 수집이 전혀 없었다.

안전과 보건을 관리하는 위치에 있는 사람은 많은 정보를 갖고 있을수록 사고를 막는 데 유리하다. 타사의 사고 사례 정보, 작업 환경에 대한 정보, 안전 관련 기술과 법에 대한 정보를 수집해야 한다. 수집한 정보를 노동자에게 알려야 하며, 사업주에게 조언해 조처하도록 해야 한다. D제철소 전로 질식사고 발생 약 3년 전 남아프리카 공화국 A제철소 전로에서 거의 유사한 사고가 있었다. 1년 정도 멈추었던 전로에 서서히 아르곤 가스가 찼다. 이를 감지하지 못하고 들어갔던 노동자가 질식 사망한 사고였다. 자랑스러운 대한민국 철강업체 안전관리자들은 정보를 갖고 있지 못했다.

역사와 전통을 자랑하는 훌륭한 제철소가 있다. 안전에서는 대한민국 철강업체 중에서는 최고라고 자부하는 저기 남쪽에 있는 국내 굴지의 제철소다. 그들도 정보가 없기는 마찬가지였던 모양이다. D제철소 사고 후에야 부랴부랴 대책을 마련했다. 굴지의 제철소는 D제철 사고 5년 후 질소가스에 의한 질식으로 4명이 사망하는 사고를 내고 말았다. D제철 사고 이후에도 정확한 정보가 부족한 탓에 제대로 된 대책을 만들지 못했을 수도 있다.

D제철소, A제철소 모두 공장 가동을 쉬는 사이에 아르곤 가스가 들어차서 산소가 부족해 일어난 사고였다. 저기 남쪽 굴지의 제철소에서도 작업을 쉬는 사이에 노동자가 일할 공간으로 질소가 유입되어 산소 부족으로 사고가 발생했다. 아르곤이 아니고 질소여서, 전로가 아니고 산소공장이어서 대처가 어려웠을 수 있다. 동종업체의 안전사고에 대한 정보와 응용력의 부족이다.

정보를 최대한 많이 습득하되 자신의 환경에 맞게 잘 적용시켜야만 유용할 수 있다. 중국의 '마괘'가 우리나라에 들어와서 '마고자'가 되고, 강남의 '감귤'이 강북으로 와서 '탱자'가 되듯, 모은 정보를 되새김질해 내 것으로 만드는 실력이 아쉽다. 정보를 수집하지 못해서, 정보를 갖고 있어도 전달하지 않아서, 잘못 전달해서, 알아도 제대로 활용하지 못해서 일어나는 사고가 비일비재하다.

아이들은 방사능이 무엇인지, 중공이 핵실험을 했는지, 핵실험이 무엇인지, 방사능은 어떤 피해를 주는지 몰랐다. 핵실험을 했다는 사실, 방사능이 미치는 영향에 대해 미리 알렸어야 했다. 정보의 전달 부족이다. 주의사항으로 눈, 비를 맞지 말라는 위험 요소에 대한 정보 전달도 대처도 없었다. 아이들이 눈을 맞지 않도록 조치했어야 했다. 짐승들조차도 새끼에게 사냥을 가르칠 때 정보를 주고, 단계적으로 천적을 피하는 방법 등의 훈련을 시킨다. 완전히 자기의 것으로 몸에 인이 박이도록 하는 것이다. 안전 역시 작업자와 조직에 인이 박여야 한다. 정보가 있어야 가능한 일이다.

안전에는 종합적인 정보와 대응이 필요하다. 정보 수집과 활용은 여러 매체나 관공서 등을 통해 접할 수 있다. 요즈음은 안전공단 중대재해 사이렌이나 사고 사례 등 활용할 콘텐츠가 많다. 이를 적극적으로 활용하면 많은 도움을 받을 수 있다. 조금만 시간을 투자해 인터넷에서 '안전'이라는 단어만 검색해도 유익한 정보를 얻을 수 있다.

D제철소는 법에 대한 정보를 제대로 수집하지 않았다. 밀폐공간 작업 프로그램이 늦어졌다. 정보에 대한 활용을 제대로 하지 못해 전로를 밀폐공간에 포함하지 않았다. 전로 질식사고는 안전에 관한 정보에서

실패한 대표적인 사례. 정보의 습득은 불안전한 환경이 조성되지 않도록 하는 시스템이고, 불안전한 행동을 방지하는 조치다. 정보 전달과 교육이 우선되어야 편안한 일터의 기초를 다질 수 있다. 뒤늦게라도 정보를 전달하고 눈을 더 맞지 않게 조치한 교장 선생님 덕분에 내가 이 글을 쓰고 있다는 생각은 억지 추론일까? 정보는 우리를 살릴 수도 있고, 죽일 수도 있다.

레시피를 만들어라

어느 날 가족을 위해 김밥을 만들었다. 우선 들은 대로 쌀을 씻었다. 물을 적게 넣고 고두밥을 지었다. 어린 시절, 소풍날 어머니가 김밥 싸는 모습을 몇 차례 봤기에 기억을 불러내어 김에 참기름을 바르고 소금을 뿌린 다음 살짝 구웠다. 그리고 숟가락으로 김 위에 밥을 펼친 후 단무지, 우엉, 게맛살, 시금치를 올리고 김밥을 말았다. 그런데 김은 바스러지고, 밥은 튀어나왔다. 그야말로 옆구리 터진 김밥이 되고 말았다. 김 가루 비빔밥이라는 특별(?) 요리가 탄생했다. 혼자 옆구리 터진 김밥을 한입 가득 물고 웃었다.

고두밥은 아내와 딸아이가 하는 이야기를 엿들은 요리법이었고, 참기름 바르고 소금 뿌려서 김을 굽는 방법은 명절 때 어머니가 김 구울 때 곁눈질로 본 레시피였고, 숟가락을 이용해 밥을 피는 기술은 손으로 밥을 펴는 것이 싫어서 한 나만의 위생 조치였다. 이 세 가지를 나름 어쭙잖은 레시피로 소환했다. 여러 가지 노하우(?)가 복합적으로 통합된 급조된 레시피가 김 가루 비빔밥을 창조했다. 역시 모방은 창조의 어머니다. 딸아이가 옆구리 터지지 않고 살아남은 김밥을 먹으며 말했다.

"아빠, 인터넷에 있는 김밥 만드는 방법을 안 읽어보고 만드셨죠? 아빠가 한 요리는 레시피 보고 했을 때와 안 보고 했을 때 차이가 있어요. 레시피를 보고 하세요."

모든 요리에는 레시피가 있다. 공장에서도 제품을 만들 때 작업 표준이 있다. 표준이 없다면, 경험과 자기 생각만으로 일을 하기 일쑤다. 아주 노련한 기술과 경험이 없다면 불량이 나온다. 작업자가 다칠 우려도 있다. 경험과 개인의 실력에만 기대어 제품을 만든다면, 어떤 이는 만점짜리 완벽한 제품을 만들지만, 실력이 없는 미숙련자는 빵점짜리 불량품을 만들고 만다. 개인의 실력과 정성에 기대는 작업은 고려청자처럼 예술품을 만드는 방법에 적합하다. 대량으로 물건을 만드는 방법에는 사용하기 곤란하다. 대량 생산 체제에서 우수한 품질의 제품을 만들기 위해서는 작업자 모두가 하나의 작업 기준을 지켜야 한다. 품질이 한층 더 좋은 것을 생산하기 위해서는 조직이 기술을 습득해야 한다. 덧붙여 그 기술에 맞는 강화된 작업 기준이 필요하다. 우수한 제품을 생산하기 위한 도구가 작업 표준, 레시피다.

안전도 이와 같다. 아무리 돈이 부족하고 설비가 허름해도 안전작업을 위한 표준이 있어야 한다. 기본적인 안전기준을 수립하고, 이를 준수해 작업을 하면 숙련자든, 초보자든 사고를 줄일 수 있다. 특히 중대재해가 날 가능성을 줄일 수 있다.

나는 표준 레시피 없이 김밥을 만들었다. 옆구린 터진 김밥은 탄생이 예고되어 있던 작품이었다. 제품 생산이나 안전도 마찬가지다. 작업 표준이 없다면 제품이 망가진다. 안전작업 표준이 없다면 작업자가 다칠 위험 요소가 많아진다. 그렇게 사고가 나고 만다.

쇳물을 다루는 항아리 형태의 전로에서 사람이 죽었다. 그들에게는 안전작업 표준이 없었다. 일을 하기 위한 작업 표준만 있었다. 항아리는 모두 막혀 있고 윗부분만 열려 있다. 한쪽이 열려 있어 밀폐공간이라고 생각하지 못했다. 사람이 들어가면 공기가 부족할 수도 있는 작업장에서 지켜야 할 레시피가 준비되지 않았다. 그 결과 안타깝게도 5명의 작업자가 사망했다. 최소한의 안전작업 표준이 아쉬웠다.

작업 효율을 높이기 위해 아르곤 가스 호스를 임의로 연결했다. 작업 표준에는 분명히 작업자들이 일을 끝내고 나온 후에 호스를 연결하도록 규정하고 있었다. 이를 확인하지 않았고, 각자의 작업을 일찍 끝내기에 여념이 없었다. 작업 표준을 준수하지 않고 나름의 편의에 따라 호스를 연결했다.

다행인지 불행인지 종전까지 17번을 작업하는 동안에는 사고가 나지 않았다. 아르곤이 흐르는 파이프의 중간 밸브가 마모되지 않았다.

마지막 밸브도 잠겨 있어서 가스가 전로 안으로 흘러 들어가지 않았다. 혹은 아주 미세한 양이 들어갔을 것으로 추측된다. 천운이었을 지도 모른다. 그러나 열여덟 번째는 달랐다. 밸브가 마모되어 있었고, 마지막 밸브는 열려 있었다. 그렇게 5명이 사망하는 무시무시한 결과를 가져왔다. 레시피를 지키지 않은 대가였다.

레시피를 무시하면 전혀 기대하지 못한 결과가 나타난다. 작업 표준을 보지 않으면, 엉뚱한 제품이 만들어지며 불량이 되어 손실이 발생한다. 안전작업 표준을 무시하면 대형 사고를 불러일으킨다. 작업 표준을 보지 않아 야기된 불량품의 영향은 그 여파가 크다. 작업 표준 없이 임의로 만든 제품을 재현하는 일은 매우 어렵다. 딸, 며느리가 어머니에게 말로만 듣고 배워서 짧은 시간에 음식의 제맛을 낼 수 없는 이치와 비슷하다. 작업 표준이 없거나, 보지 않고 만들다가 발생한 불량은 원인을 밝힐 수 없다. 작업 표준의 특정 부분을 지키지 않아 발생한 불량은 원인을 밝혀내기가 어렵지 않다. 아예 무시한 경우는 불량 원인이 오리무중이다. 작업 표준이 없이는 종합적인 개선이 어렵다.

전로 사고의 경우는 안전작업 표준도 없었다. 일반작업 표준은 무시했다. 그 결과, 사람이 죽었다. 사고 원인 조사와 개선에도 상당한 시일이 걸렸다. 모든 과정을 세세히 조사하고, 결과를 검증하고 나서야 개선책을 수립할 수 있었다. 사고를 막고 개선책을 수립할 안전작업 표준, 작업 표준 준수가 절실했다.

레시피 없이 만든 옆구리 터진 김가루 비빔밥은 그냥저냥 먹을 만했다. 하지만 공장에서 작업 표준이 없이 만든 불량 제품은 아무도 사주지 않는다. 불량은 폐기 처분할 수밖에 없다. 생산 미달은 다음에 만회하면 된다. 하지만 인간의 신체는 대체 불가다. 안전작업 표준이 없다면 내가, 내 동료가, 내 직원이 다친다. 심지어 영원한 이별을 초래할 수도 있다.

일터를 관찰하라

어린 시절, 나는 1시간을 걸어서 초등학교에 다녔다. 그 시절, 시골에서는 1시간 정도 걸어서 등하교 하는 일은 다반사였다. 집을 나와 오솔길을 걸어서 소나무들이 우거진 꽤 높은 뫼를 하나 넘으면, 넓은 신작로가 나타났다. 비포장된 신작로를 20여 분 걸으면, 읍내로 들어가는 길이 보이는 삼거리를 마주했다.

큰 우산처럼 생긴 건물 아래에는 헌병(군인경찰)이 서 있었다. 검은색 바탕에 굵은 흰 테를 두른 헬멧(둥글고 철모처럼 생긴 모자, 당시에는 '하이바'라고 불렀다)을 쓰고, 어깨에는 노란색 줄이 둥근 고리로 몇 바퀴 감겨 있었다. 손에는 하얀 장갑, 발에는 반짝이는 군화(당시에는 '워커'라고 불렀다)를 착용하고 있었다. 바지에는 무엇을 넣었는지 걸을 때마다 '차르르 차르르' 소리가 났다. 용수철처럼 생긴 철관 내부에다 쇠구슬을 넣어서 걸을 때마다 구슬들이 부딪치면서 나는 소리라고 형들이 말했다.

헌병들이 거기 왜 서 있는지 궁금했다. 물어봐도 헌병은 웃으면서 매번 딴소리였다.

"누나 있냐? 어서 학교나 가라. 집에 가서 공부해라."

형들도 잘 모르는 듯했다. 어느 날 강렬한 호기심이 집으로 가는 내 발걸음을 삼거리에 머물게 했다. 헌병에게서 멀찍이 떨어져 있는 곳으로 갔다. 시멘트로 된 길가 턱에 앉아 한참을 바라봤다. 끈질긴 관찰 여정의 시작이다.

'오늘은 저들이 하는 짓이 무엇인지 알아내고야 말 거야'라는 마음으로 주시했다.

20여 분 지나니 멀리서 차 한 대가 달려왔다. 헌병이 호루라기를 분다. 흰 장갑을 낀 손으로 차를 가리키고 이내 팔을 들어 90도 돌려서 손으로 읍내 쪽을 가리켰다. 차가 헌병이 지시하는 방향으로 갔다.

'아, 저런 일을 하는구나. 헌병이 차가 갈 방향을 알려주네.'

그럼 차가 가고 싶은 방향과 헌병이 가리키는 방향이 다르면 어쩌지. 하긴 군인이 가라고 하는 데로 가야겠지. 그 시절 전방 지역에서는 '민관군'이 아닌 '군관민'이라고 불렀다. 모든 일이 군인이 하는 일이 우선이었다. '군인이 가라는 곳으로 가야지'라는 생각은 무리가 아니었다.

'헌병, 새 병 아닌 흔(헌) 병, 깨진 병'이라며 평소 헌병을 빗대던 말이 떠올랐다.

'깨진 병 같은 나쁜 놈, 왜 자기 마음대로 이리 가라, 저리 가라 하는

거야?'

시골이라 차는 10여 분에 겨우 한 대 올까 말까였다. 다시 한참을 물 끄러미 쳐다봤다. 드디어 헌병이 가리키는 쪽과 차가 가려는 방향이 다르지 않다는 것을 알아냈다. 자동차가 오면서 왼쪽 등(燈)('깜빡이'라는 단어가 생기기 전이었다)을 '켰다, 껐다' 했다. 헌병이 팔을 들어 90도 돌려 왼쪽 방향인 읍내 쪽을 가리켰다.

'아하! 저렇게 불을 켜서 자동차가 갈 방향을 알려주면 헌병이 방향을 가리키는구나.'

다시 궁금증이 일어났다.

'그럼 똑바로 앞으로 갈 때는 어떻게 하지?'

다시 20여 분을 바라봤다. 똑바로 직진할 때는 아무런 신호 없이 그냥 속도를 줄이면 헌병이 손을 들어 가슴 앞으로 팔을 꺾으면서 직진 방향을 가리켰다. 나름 나 자신의 관찰력에 감탄했다.

어느 정도 과업이 끝나가려는 시점에 내 호기심이 다시 발걸음을 잡았다.

'운전하는 사람이 알아서 가면 되지, 헌병이 왜 이래라 저래라 손짓을 하는 걸까?' 해가 뉘엿뉘엿 지고 있었다. 이제 가지 않으면 동네 앞 뫼를 넘을 때쯤에는 어두워진다. 어두운 숲길을 혼자 갈 용기는 없었다. 아쉬움을 삼키며 발걸음을 뗐다. 내일의 관찰일지에 할 일을 남겨두었다.

다음 날 하굣길에 삼거리에서 2시간여를 보고 나서 궁금증이 풀렸다. 시골이라 아주 드물지만 차가 여러 대가 오는 경우가 있었다. 헌병은 한쪽 차 운전자에게 손바닥을 보이며 호루라기를 불어서 세웠다. 그리고 다른 쪽 차에 먼저 손가락으로 가리켜 방향을 알려주면, 지시를 받은 자동차는 헌병이 가리킨 방향으로 나아갔다. 그다음 헌병은 서 있던 차를 가리키며 호루라기를 불면서 방향을 제시했다.

'아! 차들이 서로 먼저 가려고 하다가 부딪칠까 봐 저러는구나.'

차들이 거의 다니지 않는 시골이라 알 수 없었던 '교통 정리'가 헌병이 하는 일이었다. 태어나서 처음 접한 '교통 정리' 광경이었다. 교통정리라는 단어를 들어본 적이 없었다. 호기심이 앞서 관찰한 결과, 그들 행동의 의미를 알아낸 것이다.

관찰은 인간의 모든 부분에서 중요한 역할을 한다. 인류의 발전은 호기심과 관찰의 결과인 경우가 많다. 뉴턴(Isaac Newton)의 만유인력, 에디슨(Edison)의 전구발명, 세종대왕의 한글 창제 등등, 관찰은 인류에게 위대한 유산을 만들어내는 계기가 되었다. 일터에서 움직이는 작업자의 동작을 관찰하면 위험 요소를 발견할 수 있다. '안전사고의 약 80%는 불안전한 행동에서 나온다'라는 통계가 있다. 작업자는 일에 몰두해 자신의 불안전한 행동에 대해 인지하지 못하는 경우가 많다. 안전관찰을 통해 작업자가 인식하지 못하는 위험행동을 찾아서 해결할 수 있다.

입사해 처음 들은 안전사고 사례다. 철 건축물 공사를 하다가 높은 곳에서 철판 지지대의 특정 부위를 자르던 중, 해당 작업자가 추락해 사망하는 사고가 발생했다. 잘라서 없앨 부위의 반대편에 발을 디디고 절단했어야 했다. 재해자는 잘려나갈 철판 위에 자리를 잡고 앉아서 작업했다. 절단이 끝난 순간, 작업자는 철판과 같이 떨어져서 사망한 사고였다. 자신의 발디딤 판을 자르고 사망한 안타까운 사례다.

작업자들은 안전작업 표준을 숙지하고 있음에도, 일에 몰두하면 이를 망각하고 위험 요소를 잊어버린다. 자기 무게보다도 훨씬 무거운 것이 쓰러질 때 인간은 본능적으로 이를 몸으로 막으려 한다. 본능적인 행동이 안전을 저해하는 요소가 되기도 한다. 평소의 훈련과 작업 중의 동작 관찰 및 위험 요소 재발견을 위한 관찰이 안전한 일터, 안전한 동료를 만들 수 있다. 관찰이 위험 요소를 발견하는 출발점이다.

전체에서 부분을,
부분에서 전체를 봐라

오랜만에 아내와 카페에서 따뜻한 커피를 마셨다. 시간이 빗속에 섞여 흐르고 있다.

"겨울에 어인 비가 이리 내린다냐?"
"감사하지. 이게 다 눈으로 왔으면, 그냥 하얀 지옥이 따로 없어."

아내는 늘 매사에 감사하는 성정을 지녔다. 오늘따라 감사하는 말이 더욱 따스하게 들렸다. 아내와 나는 외식을 하더라도 커피를 사 먹을 줄 몰랐다. 커피를 사서 마신 추억은 머릿속 가뭇한 언저리에 묻혀 있다. 묻힌 추억은 40여 년 전 아내와 데이트하던 시절, 이야기할 곳이 없어 택했던 학교 앞 다방 커피의 향이다.

아내가 나뭇가지에 아슬아슬 맺힌 물방울을 보며 감탄을 했다.

"저것 좀 봐. 너무 예쁘다. 보석 방울이 나뭇가지에 대롱대롱 달렸
네."

문명은 우리에게 누구나 사진작가가 되는 삶을 선사했다. "예쁘다.
어디? 어디?"라며 휴대전화를 들이대는 반사적인 행동이 우리 속에 들
어온 지 오래다. 아내와 함께 창밖의 나뭇가지에 매달린 맑고 영롱한
물방울 풍경을 찍었다. 아내는 앙상한 나뭇가지에 달려 있는 수많은 물
방울을 찍었다. 나는 방울 하나 속에 있는 모든 세상을 화면에 담았다.
달라도 많이 다른 두 화면을 보다가 서로 얼굴을 마주 보며 웃었다.

"당신은 그렇게 찍을 생각이 들었구나. 나는 많이 못 담아서 속상할
까 봐 더 멀리서 작게 찍었는데, 당신은 반대로 하나 안에 전체를 넣었
네. 내 화면 안에는 나뭇가지, 물방울, 땅 세 가지인데, 당신의 물방울
속에는 이 세상 전부가 들어 있네. 우리 얼굴도, 나뭇가지와 방울도 모

두 들어 있네. 방울 안에 방울이 다 담겨 있네."

"그렇네. 당신 것은 폭넓게 담아서 좋다. 내 사진에는 세상이 모두 들어 있네."

'낭만을 보는 당신과 과학을 보는 나의 차이'라고 하면 삭막할 듯싶어 말을 삼켰다. 한 모습을 카메라에 담을 때 같은 것을 다르게, 다르지만 같은 의미를 담는 것이 부부일지도 모른다. 창밖의 똑같은 장면을 보고 사진을 찍었는데 담긴 것이 달랐다. 다른 것을 담은 것이 아니라 같은 것을 다르게 담았다. 의미는 다르지 않았다. 전체의 아름다움을 보되, 넓고 크게 보는 눈과 작은 방울 안에 담긴 전체를 보는 눈이 함께 있다. 안전사고를 보는 눈도 제각각이다. 각자의 입장과 자기가 아는 만큼에 따라 다르게 말한다.

"그 친구는 최선을 다했다. 기계의 상태가 문제였다."
"그 친구가 사려 깊지 못했다. 좀 더 생각하고 행동했어야 했다."

이러한 차이를 없애기 위해 사고보고서를 작성하도록 하고 있다. 안전 사고보고서는 형식이 정해져 있다. 그런데도 같은 사고를 조사하고도 내용은 제각각이다. 사고가 나면 사고를 통해서 교훈을 얻어야 한다. 사고보고서를 쓰는 목적은 다시 또 날지도 모르는 사고를 예방하는 데 도움을 주고자 함이다. 사고보고서는 다음 세 가지의 내용을 포함해야 한다.

첫째, 해당 사고의 주원인은 무엇인가?

둘째, 해당 사고가 난 기계, 혹은 그 장소에서 다른 유형의 사고가 날 가능성은 없나? 예를 들면 이번에는 사람이 떨어지는 추락사고였는데, 다음에는 동일 장소에서 화상 또는 끼임 사고 가능성은 없나? 그 가능성, 즉 또 다른 위험 요소를 찾아서 제거해야 한다. 한 가지 유형의 사고 발생을 계기로 전체 다른 유형의 사고 발생 가능성을 유추해야 한다.

셋째, 이번에 난 사고와 동일한 사고가 또 다른 내 일터, 내 회사에서 발생할 가능성이 있는 설비나 작업 장소는 없나를 살펴야 한다. 사고가 발생한 부분만 볼 것이 아니다. 이를 계기로 전체를 살펴봐야 한다.

사고의 원인을 철저히 밝히고 대책을 세밀히 세워서 작업자들을 교육하고 설비를 보완했음에도 불구하고, 바로 다음 날 동일한 유형의 사고가 근처 유사 설비 혹은 공장에서 재발하는 경우가 많다. 사고 전체와 부분을 보는 차이에서 발생한다. 자기 편의와 지식에만 의존해 사고를 분석하기 때문이다.

회사나 공장 전체 단위에서 한 가지 위험에 대해 중점을 두어 동시다발적으로 살필 때가 있다. 화재 예방은 겨울, 봄철에 회사가 대표적으로 추진하는 안전 활동 단골 메뉴다. 화재 예방 점검을 하면서 '처삼촌 벌초하듯' 공장 전체의 윤곽만을 봐서는 그 위험 요소를 철저히 제거할 수 없다. 공장의 구역별 화재 위험을 부분, 부분 꼼꼼히 살펴보아야만

소기의 목적을 달성할 수 있다. 전 부분에 걸쳐서 일일이 세세한 항목까지 살펴야 전체 일터의 안전을 확보할 수 있다.

아내는 창을 통해 나뭇가지에 걸린 물방울 전체를 봤다. 동시에 내가 찍은 사진에서는 물방울 안에 있는 세상 모두를 봤다. 아내는 별도의 교육을 받지 않았는데도 두 사진에서 다르나 다르지 않은 의미를 찾아냈다. 아내의 식견이 부러웠다. 전체로 부분을 보는 스킬과 동시에 부분에서 전체를 보는 방법을 어디서 배웠을까? 덕분에 겨울비 속에서 마시는 커피 향이 참 좋았다.

안전한 일터를 만들고 관리하는 이는 관찰력이 있어야 한다. 특히 전체에서 부분을 보고, 부분에서 전체를 보는 눈을 가져야 한다. 숲과 나무를 동시에 보는 안목은 경험과 연습에 의해서 길러질 수 있다. 안전관리자의 관찰력이 안전사고 방지의 시작이다.

노동자를 배려하라

중소기업 대표와 이야기를 나누던 중 깜짝 놀랐다. 대기업으로부터 일을 수주했는데 걱정이 앞선단다. 심지어 하기 싫어서 예가(수주를 받기 위해 공사비를 써내는 가격)를 높이 써냈는데도 다른 업체들보다 가격이 낮아 억지 발주를 받았단다. 이것은 또 무슨 엉뚱한 상황인가. 그가 말하는 원청업체는 얼마 전 난간대 수리 중 중대재해가 발생했다. 최근에는 인천에서 질식사고로 중대재해가 나서 언론에 보도되었다.

해당 기업은 2013년 질식사고 이후 안전관리를 강화했다. 하청업체들의 안전관리도 바짝 조였다. 2020년 온열 사고 발생 후 외주 투입 작업자들의 건강진단도 엄격해졌다. 안전관리자, 수신호자 및 화재 감시자들의 타 작업 병행 금지, 치밀한 안전서류 등 많은 변화가 있었다. 하지만 안타깝게도 사고가 눈에 띌 정도로 줄지는 않고 있다. 하청업체도 안전업무의 과다로 인해 매너리즘에 빠져서 지치고 있다. 이런 상황에서 사고로 인해 언론의 주목을 받고, 중대재해처벌법이 50인 이하 사업장까지 확대되었다. 그래서 하청업체는 위험한 일을 가능하면 안 하려고 한다. 돈이 되어도 하청업체는 일을 기피하는 현상이 두드러지게 나타나고 있다. 돈도 안 되고, 안전관리가 복잡하고 위험한 일은 서로 안 맡으려고 한다. 원청이나 하청이나 일은 해야 하는 데 답답할 지경이다.

기업주나 경영책임자는 자신은 굵직한 결정만 하고 싶어 한다. 세세하고 골치 아픈 사안은 실무자가 완벽하게 처리하기를 바란다. 당연한 일이다. 리더가 모든 일을 세세히 챙길 수는 없다. 전문 분야가 아닌 이상 나머지는 실무자가 처리하고 리더는 방향을 결정한다.

여기에서 안전의 괴리가 발생한다. 실무자라고 해서 안전의 모든 것을 알 수 없다. 전부 알아서 처리하기도 어렵다. 안전은 오페라와 같다. 단순하지 않고 복합적이며 종합적인 생물이다. 어디서 언제 무슨 사건이 발생할지 모른다. 특히 원청업체에 들어가서 공사를 하는 일은 더욱 복잡한 안전관리 구조를 가지고 있다. 원청의 일과 하청의 일이 섞여 있다. 안전관리도 이중, 삼중으로 연결되어 있다. 원·하청의 안전관리자가 보는 시각도 다르다. 관리 수준도 차이가 난다. 노동자도 원청과 하청 간의 안전에 대한 괴리가 존재한다. 노동자의 의사소통 차이, 안전의식 차이 등을 감안해야 한다.

공사를 발주받은 사업주는 실질적인 안전관리를 해줄 수 있는 사람을 필요로 한다. 단순한 컨설팅 정도나 법적 의무 조치가 아니라 자기 직원들을 보살펴 줄 안전관리자를 원한다. 그런 능력과 경험을 가진 사람을 구할 수 없다. 기본적으로 안전 인력 수급이 절대 부족하다. 더구나 원청의 일과 문화를 알고, 하청의 업무도 아는 사람을 구하는 것은 하늘의 별 따기, 아니 불가능하다. 하청의 급여 정도에는 오는 사람도 없다. 울며 겨자 먹기로 사장이 해야 하는 것이 현실이다. 그러니 일을 수주해도 고민이다. 대표에게 수다를 떨었다.

　"작업과 노동자에 특화된 안전관리를 해야 합니다. 난간이나 계단 같은 안전시설물은 단순작업입니다. 단순작업에는 어떤 일용 노동자들이 지원해서 올까요? 드리기 어려운 말씀입니다만, 지원자의 대부분은 특별한 전문기술이 없는 사람일 가능성이 큽니다. 제 말이 맞나요? 나이가 많으신 분들도 많지 않나요?"

　"네, 그렇습니다. 저희 쪽 일도 안 해보신 분이 그걸 어떻게 아세요?"

　"그냥 짐작해서 말씀드린 겁니다. 그렇다면 그분들 작업의 위험 요소는 오히려 간단한 것일 수 있습니다. 어차피 단순작업이니 추락, 끼임 등 몇 가지 위험 요소를 집중적으로 제거해주면 됩니다."

　해당 작업과 노동자에게 적절한 교육이 필요하다. 기본 지식도 없이 젊은 혈기만 가지고 뛰어드는 초보자에게는 기본 안전교육에 집중해야 한다. 젊은 혈기로 설치는 행동을 하지 않도록 주의를 시키면 된다. 나이 많은 노동자인 경우는 보건에 신경을 집중해야 한다. 특히 온열 질환, 혈압, 음주 여부를 자주 체크하도록 한다. 건강관리를 해주어 안전사고를 내지 않도록 할 필요가 있다. 나이 든 노동자에게는 반복교육도 효과가 있다. 이들에게 산업안전보건법이니 법정의무교육이니 위험성 평가니 아무리 이야기해봐야 이해하지 못한다. 노동자의 입장을 배려하지 못하는 의무적이고 형식적인 교육이 될 뿐이다.

대기업인 원청업체는 하청업체가 서류와 안전조치를 완벽하게 하기를 요구한다. 인력도 부족하고 시간도 부족한 하청업체는 거기에 더 맞출 여력이 없다. 우선 중대재해를 일으킬 가능성이 있는 위험 요소, 위험작업자를 찾아야 한다. 그리고 작업의 특성, 노동자의 보건 상태, 실력에 맞는 안전교육을 시키면 효과가 있다. 이런 특화된 안전관리에 효과를 얻으려면 안전관리자는 작업과 노동자에 대한 관심과 관찰이 필수다. 노동자에 대한 배려이고 사랑이다.

거짓은 우리를
다치게 한다

　모처럼 오전 휴가를 내고 쉬었다. 느긋하게 회사로 들어가던 차 안에서 전화를 받았다. 남 위원이었다. 평소에도 회사의 이런저런 소식을 누구보다 빠르게 먼저 알려주었다. 내가 담당하는 공장에 무슨 일이 생기면 함께 걱정해주었다.

　"어디예요? 회사 밖에 있어요? 난리 났어요. 집진기가 터져서 불길이 치솟고, 무너지고 난리랍니다. 얼른 회사로 오세요."

　조급한 마음에 핸들을 두드리며 앞을 보기를 반복했다. 차가 정체되어 있어 뾰족한 수가 없었다. '평일 낮에 고속도로에 왜 이리 차가 많을까?'라고 원망한들, 그것은 내 사정이다. 정체된 도로는 풀릴 기미가 보이지 않았다. 마음만 10km 떨어진 공장을 향해 달려갔다. 아래 직원에게 전화하니 받지 않았다. 사고로 앞뒤 가리지 못할 테니 전화 받을 정신이 없겠지 싶었다. 어찌어찌 들어온 공장은 말 그대로 난리 굿판이었다. 거짓말 좀 보태자면 폭탄을 맞은 모습이었다.

사고 현장은 화재 진압을 위해 뿌린 물이 홍수를 이루고 있다. 집진 설비 주위로는 기중기들이 빼곡히 들어차 있다. 대충 훑어봐도 15대 정도 되는 기중기들이 얼기설기 자리를 잡고 각자의 일을 하고 있다. 저렇게 어지러이 움직이다가 기중기가 간섭되어 부딪치면 또 사고가 날 것이다. 삼풍백화점 붕괴 시에 텔레비전 화면에서 보던 장면이 겹쳐졌다. 그런 와중에 다른 생각을 할 겨를이 없었다. 그저 빨리 정상화해야 한다는 생각뿐이었다.

1시간이면 자동차 80대에 해당하는 무게(자동차 1대는 대략 1t이다)인 80t의 생산 미달이 발생한다. 이는 약 1억 원의 매출 손실로 이어진다. 일단 설비를 복구하면서 공장을 돌려 생산할 계획을 세웠다. 사장도 부사장도 나와 있었다. 노동조합 간부들도 나왔다. 걱정스러운 눈빛으로 음료수를 건네며 격려 반, 걱정 반 인사를 한다.

"얼마나 걸릴까요? 다치는 사람 없게 안전하게 해야 합니다."

문제는 원인분석이다. 그래야 정상적으로 설비를 돌려서 손실된 생산을 메꿀 텐데, 다시 돌릴 생각만 한다. 원인분석에는 관심이 없다. 그러다 또 터지고 불나면 어쩌려고? 겁들이 없다. 기술 이사에게서 전화가 왔다.

"왜 터졌다고 생각해요? 나도 전공 분야가 아니라 잘 모르겠는데 철저히 조사해서 보고해주세요. 원인을 밝히고, 설비보완책도 만들어서 보고 바랍니다."

나도 이 분야는 전공이 아니긴 매한가지였다. 세밀한 관찰 외에는 방법이 없을 듯싶었다. 순간 머리를 갸웃했다. '내가 전지전능인가?' 우리 공장에서 사고가 났다. 조사도 우리가 한다. 대책도 우리가 세운다. 실행도 우리가 한다. 나는 전지전능한 올라운드 플레이어 '쇳물쟁이'[26]다. 학교 선생님들은 강의, 성적관리, 학교관리 등으로 슈퍼맨 역할을 하느라 과로에 시달린다. '쇳물쟁이'가 그랬다. 누군가 했던 우스갯소리가 기억났다. 이순신 장군이 했다는 '장수는 죽음을 등짐처럼 지고 다니는 것이다'라는 말을 패러디해 '쇳물쟁이는 전생에 나라를 팔아먹은 사람들이 하는 것이다' 이 말을 한 번 더 패러디해 '주말부부는 전생에 나라를 구한 여자만이 한다'라던 아내의 말이 생각나서 웃었다.

정확한 원인은 밝히지 못했다. 공장은 돌려야 했다. 원인을 찾다가 하루 24억 원의 매출 손실을 감당할 자는 없었다. 원인을 밝히지 않고 돌리는 것은 일종의 '거짓 내지는 직무 유기입니다' 한마디했다가 부서장에게 한 대 맞을 뻔했다. 폭발 시 피해를 최소화하기 위한 임시 조치

---

26) 쇳물쟁이 : 제철소에서 제강(製鋼), 특히 쇳물을 생산을 담당하는 엔지니어(Engineer)를 부르는 은어(隱語).

를 했다. 폭발하는 순간, 팽창해서 나오는 가스가 빠져나갈 구멍의 개수를 늘렸다. 강물이 넘치는데 물이 들어오는 것이 어디인지, 비가 많이 와서 그런 것인지 원인을 알아내지 못했다. 강둑만 높였다. 그래서는 베개를 높이 하고 잠잘 수 없다. 아무튼 공장은 다시 돌아가기 시작했다. 원인을 찾지 못한 불안한 임시 조치였다.

원인을 찾기 위해 상 과장과 고 대리를 불러놓고 지시했다.

"상 과장, 고 대리, 오늘부터 함께 전기로 조작실에 근무하면서 관찰하자. 먼저 무엇을 조사할지를 머리를 짜내보자고. 돌머리도 서로 부딪히면 깨지든가, 아니면 닳아서 빛이 나든가 둘 중 하나겠지."

셋이 보름여를 교대로 24시간 관찰했다. 정확한 원인은 아니지만 어떤 때에 폭발이 일어나는지를 찾아냈다. 집진을 돌려 가스를 뽑아내는 과정에서 전체 가스양이 급격히 증가하는 시점에 폭발이 일어나는 현상을 발견했다. 쇠를 녹이는 용해(鎔解) 시점을 지나 쇳물이 만들어지고 정련(精鍊)으로 넘어가는 순간, 가스의 양이 급증한다. 순간적으로 가스의 정체가 일어났다. 뒤에서 밀려오는 가스가 정체된 가스에 부딪힌다. 이때 가스의 충돌로 폭발이 일어나는 현상을 발견했다. 당시에는 정확히 몰랐는데 훗날 안전을 공부하면서 알았다. 이러한 현상이 '분진폭발'[27]이었다. 제대로 된 진짜 지식이 없으면 몸이 고생한다.

---

27) 분진폭발 : 공기 중에 떠도는 농도 짙은 분진이 에너지를 받아 열과 압력을 발생하면서 갑자기 연

가스 흐름에 변동을 일으키는 원인이 되는 가스를 끌어당기는 팬의 회전수 변동을 없애는 조처를 했다. 그러면 가스의 정체가 해소되었다. 일단 한숨 돌렸다. 불현듯 종전에도 비슷한 사고가 있었을 것이라는 직감이 들었다. 사고보고서철을 보다가 경악했다. 1년 전에도 같은 사고가 있었다. 그로 인해 공장이 약 8시간 동안 정지했다. 하지만 내부에서만 보고가 이루어졌다. 별일이 없었던 것처럼 기록되어 있었다. 폭발로 생긴 피해 사진도 같았다. 고장이 아니라 다른 보수를 한 것으로 기록은 말하고 있었다. 패싱(Passing)이었다. 사고 원인 조사 및 보고를 무시했다. 기록은 엄연한 거짓 행위였다고 말하고 있었다. 패싱이 누구 짓이었는지는 중요하지 않았다. 원인 조사 및 대책 수립을 하지 않았다. 그로 인해 더 큰 사고가 발생했다. 중대한 사고를 심각하게 여기지 않는 문화가 패싱으로 나타났다.

사고의 근본적인 원인 조사나 대책 수립은 나중이었다. 눈앞에 펼쳐진 생산 미달에 대한 부담감이 안전을 도외시하게 했다. 실적에만 집중하는 기업문화의 단면이 여실히 드러났다. 빼어나다면 빼어난 경제성장 시기, 우리의 자화상을 적나라하게 봤다. 관계자에게 문의했으나 혼자만의 천둥 속 메아리였다. 생산을 우선하는 이가 무언의 칭송을 받는 울타리 안에서 쓸데없는 짓을 하는 이단아가 되었다.

무엇이 옳은지보다는 무엇이 필요한지에 집중하는 문화, 중요한 일

소·폭발하는 현상.

보다는 급한 일을 우선하는 삶의 태도가 우리의 삶과 생명에 해를 줄수 있다는 것을 간과하고 있다. 제대로 된 사고보고서, 올바른 보고 하나가 다음번 또 발생할 수도 있는 사고를 방지한다. 그 대책이 우리의 소중한 생명을 보호할 수 있다. 작은 진실 하나가 우리의 일터를 더욱 안전한 삶의 터전으로 가꾸어나갈 시금석이다.

구슬이 서 말이라도
꿰어야 보배지

안전을 전공으로 택해 대학원에 들어간 얼마 후, 교수와 나눈 대화다.

"저는 30년을 공장에서 생산 엔지니어로 근무했습니다. 사실 안전에 관심은 많았어도 별도로 공부해본 적은 없었습니다. 어느 날, 사장이 산업안전기사 자격증도 없이 안전관리를 하느냐고 농담조로 핀잔을 주었습니다. 핑계 삼아 자격증을 땄습니다. 대학원에 와서 안전을 전공하다 보니 안전이라는 분야의 학문이 광범위한 데 놀랐습니다. 두 번째로는 안전 분야에서 이리 많은 사람이 일하고 있다는 사실에 놀랐습니다. 세 번째로 안전에 관한 책들이나 법령 등에 기술되어 있는 내용의 수준이 높고 상세함에 놀랐습니다. 안전 기술지침이나 코샤 가이드(KOSHADE Guide)[28]가 상세하게 되어 있는데 감탄했습니다. 안전분야에

---

28) 코샤 가이드 : 산업안전보건법령에서 정한 최소한의 수준이 아니라, 사업장의 자기규율 예방체계 확

서 일하는 분들의 노력에 정말 고개가 숙여집니다."

대학원 입학 후 안전에 대해 상세히 공부하고 싶었다. '혹시 안전 관련 일을 해보면 어떨까?' 싶어 전문적인 공부를 시작했다. 산업안전보건기준에 관한 규칙을 공부했다. 실제 생산, 건설 등의 안전작업에 대해 세세하게 기술되어 있었다. 경이로웠다. 안전작업에 대한 지침이 이 정도로 상세하고, 깊게 되어 있는지 상상도 못 했다. 30년 공장 엔지니어 생활을 하면서 그런 것이 있는지도 몰랐다. 당연히 본 적도, 읽어본 적도 없었다. '미리 알았더라면, 안전사고를 줄일 수 있었을 텐데…' 하는 아쉬움이 밀려왔다. 그런 와중에 코샤 가이드를 접했다. 유네스코 기록문화 유산 수준이었다. 입이 벌어졌다. 내 전공 분야인 용해[29] 작업 부분을 펼쳤다. 놀라 뒤로 나자빠졌다. 30년 쇳물 엔지니어인 내가 기록해도 못할 정도의 상세한 내용이었다. 안전에 덧붙여 다른 기술적인 부분까지 보배로운 자료들이 가득했다.

나는 왜 이런 자료가 있는 줄을 미처 몰랐을까? 아쉬움을 너머 안타까움이 밀려왔다. 코샤 가이드에 적혀 있는 내용을 쇳물 만드는 용해 작업 표준으로 사용해도 아무 문제가 없을 듯했다. 왜 이런 것을 생산 부서에는 알려주지 않았을까? ISO와 코샤 인증받을 때가 생각났다.

기억 속의 ISO 인증은 시답잖은 것으로 남아 있다. 내가 ISO 내부

립을 지원하고, 좀 더 높은 수준의 안전보건 향상을 위해 참고할 수 있는 기술적 내용을 기술한 자율적 안전보건가이드.

29) 용해(Melting) : 물질을 녹이는 것을 말한다. 여기서 필자는 쇠를 녹여 쇳물(용강)을 만드는 작업을 말함.

심사원으로 선정되었다. 교육은 설렁설렁, 내부 심사는 대충 넘겼다. ISO 인증이 없으면 품질보증이 안 되어 수출을 못 했다. 울며 겨자 먹기로 하는 형식적인 절차였다. 지금에 와서 ISO 국제 심사원이 되고 보니 ISO 내용도 코샤 가이드만큼은 아니었지만, 그 내용대로만 하면 정말 품질경영이 될 이야기들이 많았다. 수출하려면 인증은 필수니 안 딸수는 없는 것이었다. 아쉽게도 수출을 위한 형식적인 서류였다. 신분 증명 이외에는 어디에도 쓸데없는 주민등록증 같은 애물단지가 되어갔다. 심사 때마다 품질담당자들만 참여하는 리그로 전락했다. 세월이 가면서 단순한 행정적인 일이 되어버렸다. 실제 제품 품질을 위해 활용되지 못했다. 회사 품질경영, 제품관리에 제대로 활용했다면 하는 아쉬움이 밀려왔다. 아무리 좋은 것도 활용하지 않으면 무용지물이다.

ISO 인증을 받으면서 학습된 형식적인 업무 방식은 환경, 안전 인증에도 비슷한 행태로 적용되어 해당 업무 담당자들만의 일이 되었다. 어느 정도 자리가 잡히면 생산, 품질, 원가, 노사에 밀려 조금 덜 뛰어난(?) 직원이 담당하는 일로 자리 잡았다.

코샤 가이드를 만든 산업안전공단의 실력은 정말 대단하다는 생각이 들었다. 공단에 근무하는 박사 과정의 지인에게 물었다.

"이런 좋은 것이 왜 현업부서에는 활용이 안 되고 있을까요? 저는 있는지도 몰랐습니다."

"우리가 현업부서에 주어서 활용하라고 홍보도 합니다."

"안전교육 관련해서만이 아니라 조업 교육자료로 활용해도 될 듯합니다. 대단합니다. 아무튼 이런 것을 알리고 활용하도록 하는 것은 회사의 안전관리자들이 해야겠네요. 구슬이 서 말이라도 꿰어야 보밴데, 구슬이 있는지도 모르고 살았으니 안타깝네요. 하기야 알려주었어도 못, 아니 안 알아들었을 겁니다. 다른 일이 더 급하니."

"그렇죠. 실제 공장을 운영하는 사람들이 알아야죠. 하긴 2000년 전부터 하나님 믿고 천국 가라는 데도 안 믿으니깐. 하하. 중요한 일을 먼저 해야 하는데 우리는 늘 급한 일부터 하죠. 이제라도 안전의 중요성이 인식되어가고 있으니 그나마 다행입니다."

결국은 좋은 것을 만들어도 활용하는 사람이 없으면 헛물켜는 격이다. 좋은 글, 좋은 제품을 만들어도 그것을 정작 필요한 사람에게 잘 전달하지 못한다면 무용지물이다. 세종대왕은 한글을 만든 후, 이를 널리 보급하기 위해《용비어천가》,《동국정운》등을 만들어서 배포했다. 홍길동전 등 조선 후기에 나온 한글 소설들이 없었다면, 한글의 발전이 늦어졌으리라. 조선 말, 일제 강점기에 걸친 주시경 선생 등의 한글 연구가 없었다면 지금과 같은 한글 발전이 없었을지도 모를 일이다.

예수님은 하나님을 사랑하고, 인간을 사랑하는 메시지를 전했다. 이를 널리 알리고자 열두 사도를 육성했다. 사도 바울은《신약성경》을 기록했다. 사도들의 행적이 없었다면 예수님의 인류 사랑의 숭고한 정신은 그저 평범한 죽음에서 멈추었을지 모를 일이다. 처음 시작은 무에서

유를 창조하는 위대함이 있다. 이를 이어받아 발전시키고 구체화하는 노력이 뒤따라야 한다. 아무리 멋진 구슬이 있어도 줄에 꿰서 몸에 걸쳐야 멋을 낼 수 있다. 아무리 큰 다이아몬드 원석이 있어도 세공을 받지 못하면, 그냥 돌일 뿐이다. 꿰거나 장식하지 못하면 그저 돌멩이에 지나지 않는다. 목걸이가 있는지조차도 모르니 걸쳐볼 수 없었다. '돼지 목에 진주목걸이'가 될 기회조차도 없었다. 지침을 만든 전문가, 이를 필요한 곳에 잘 전달해야 할 직무를 행하는 사람, 그것을 활용할 주체, 모두가 관심과 애정을 가져야 한다. 좋은 지침들을 현장 작업에서 잘 활용하면 안전한 일터가 만들어진다.

안전은 현장 소통이다

나는 앞니 6개가 부러지는 사고를 당했다. 사고가 나기 전, 생산을 어떻게 할지에 대해서는 협의가 있었다. 그러나 안전에 대한 회의는 없었다. 고철이 설비에 끼는 돌발상황이 발생했다. 현장 안전관리감독자인 기장과 신입사원이 망치를 들고 현장으로 갔다. 해당 작업 전에 안전사고를 대비하기 위한 미팅은 없었다. 작업 방법에 대해서도 아무에게도 말하지 않았다. 기장의 경험에만 기댄 즉각적인 지시만으로 작업에 들어갔다.

기장과 사원은 설비 모서리에 엉킨 줄 고철을 끊어내기 위해 망치로 두드리고 있었다. 부장과 나는 그들이 작업하는 장소로 들어갔다. 사전에 작업자에게 진입을 알리지 않았다. 멀찍이 떨어져서 다른 공간에 쌓여 있는 고철을 쳐다보며 이야기를 나누었다. 작업 상황을 지켜보고 있었다. 반복적인 망치질로 일순간 줄 고철이 끊어졌다. 반발력으로 튀어나온 고철이 나의 얼굴을 가격했다. 위험 구역에 들어가서 위험한 방식으로 작업했다. 불안전한 작업 공간에 들어가서 구경했다. 일련의 과정에서 소통이 전혀 없었다. 같은 부서에서 근무하는 안전관리자인 부장, 대리, 기장 간에 소통이 미흡했다. 노련한 기장과 부장의 경험을 바탕으로 사전 미팅을 통해 작업 내용을 공유했다면, 그곳에 들어가지 않았을 것이다. 작업 방법도 망치로 두드리는 방식이 아니라 다른 방법을 택했다면 어땠을까? 아쉬움이 남았다. 위험 요소와 작업에 대해 소통은 없었다.

사고 후 해당 장소의 문을 잠금 조치했다. 출입할 때는 상부 기중기에 통보하고, 해야 할 작업을 서로 의논하도록 조치했다. 진작 그랬다면 필자의 앞니가 아직 튼튼해서 좋아하는 족발을 더 맛있게 뜯어 먹을 수 있을 텐데, 족발을 먹을 때마다 이를 조심해야 했다. 그때마다 사고 순간이 생각난다. 관리자와 노동자 간의 소통 부재의 대가로 앞니가 부러졌다.

전로 보수작업 시 '○○내화'는 자신들의 업무인 내화벽돌 축조 작업을 단독으로 수행했다. 원청의 직원들은 관리자만 있었다. 노동자는 없었다. 원청 관리자 간에는 작업 내용과 시간에 대한 정보 공유가 이루어졌다. 현장에서 임의로 변경한 작업순서의 변동이 '○○내화' 노동자들에게는 전달되지 못했다. 사고의 직접적인 원인은 아니었어도 아르곤 라인의 연결을 알았다면, 노동자들은 위험을 피할 수 있었다. 사고를 피할 수 있는 여지를 삼켜버린 소통 부재였다.

소통의 부재는 원·하청 간에 더욱 심각하게 드러날 수 있다. 그들은 소위 말하는 갑을 관계다. 혼재 근무로 인해 현장에서는 노동자의 소속이 다르므로 서로 대화가 거의 없다. 안전에 대한 지시는 혼재 근무 위반에서 예외로 인정된다. 하지만 평소에 각자 다른 일을 하다가 안전을 이야기하려면 의사소통이 쉽지 않다. 하청 노동자는 원청으로부터 내려온 작업지시를 소속사의 관리자를 통해 받는다. 작업지시는 일을 주어진 시간에 끝내는 데 집중한다. 안전에 대한 이해가 부족할 수 있다. 일의 전달 과정에서 안전에 대한 정보가 누락될 가능성이 커진다. 실제 일을 하는 사람은 하청 노동자다. 작업 중 느낀 위험을 바로 전달하기 어렵다. 하청 관리자들을 통해 원청에 전달해야 하니 번거롭다. 작업 중 피치 못할 사정으로 갑자기 일의 순서나 방법이 바뀌는 경우가 발생한다. '변동요소 관리'를 통해 새로운 위험요인을 찾아내어 조치 후 작업해야 한다. 현장에서는 정해진 작업 시간 내에 일을 마쳐야 하므로 변동된 사항에 대한 안전조치를 실행하는 데는 어려움이 생긴다. 소통의 창구가 없는 분위기다.

작업을 지시하는 관리자와 노동자 간의 소통, 원·하청 간의 소통 이외에도 사업주와 직원 간의 소통 또한 안전한 일터를 만드는 데 중요하다. 위험 요소를 사업주에게 알리고 소통해 개선해야만 안전한 일터를 만들 수 있다. 소통의 문제는 법으로, 규칙으로 해결할 수 없는 숙제다. 서로의 신뢰를 바탕으로 안전에 관해 수시로 대화하고, 협의하는 것이 가장 효율적인 안전문화를 만드는 첩경이다. 사업주는 안전에 관해 노동자들이 토론할 시간을 주고, 건의할 대화의 장을 만들어주어야 한다. 노동자들은 안전에 대해서만큼은 노사 간의 다른 다툼의 문제가 있더라도 사업주나 경영자와 터놓고 이야기할 자세가 필요하다.

안전한 일터 체크리스트

5점 만점으로 기록해 합계 70점 이상이면 당신은 우수한 안전관리자다.

번호	항목	점수(5점 만점)
1	나는 안전사고 발생 시의 업무 프로세스를 알고 있다.	
2	나는 안전시스템의 중요성을 인지하고 있다.	
3	나는 한 가지 이상의 안전정보 채널을 갖고 있다.	
4	나는 안전작업 표준 작성에 참여한다.	
5	나는 담당 업무의 작업에 안전관찰을 실시한다.	
6	나는 작업의 위험 요소를 찾고 있다.	
7	나는 작업과 작업자의 특징을 알고 있다.	
8	나는 안전사고 조사 기법을 알고 있다.	
9	나는 안전작업 절차에 대해서 교육하고 있다.	
10	나는 작업 전에 노동자와 TBM을 함께한다.	
11	나는 내 공장의 안전사고 사례를 알고 있다.	
12	나는 내 공장 작업자의 보건 상태를 살피고 있다.	
13	나는 내 공장의 작업 환경 측정 주기를 알고 있다.	
14	나는 내 공장의 안전교육 일정을 알고 있다.	
15	나는 내 공장의 안전문화 수준을 알고 있다.	
16	나는 노동자로부터 안전개선 건의를 자주 받는 편이다.	
17	나는 안전일지를 작성해 관리한다.	
18	나는 안전에 대해 현장의 의견을 청취하는 편이다.	
19	나는 안전에 관해 별도로 공부하고 있다.	
20	나는 회사의 안전정책에 대해 잘 설명할 수 있다.	
계		

3장

사업주는 안전한 회사

부장님은 진짜
모르시네요

'경찰' 하면, 어린 시절 할머니 말씀 속에 있던 일본 순사가 머릿속으로 들어왔다. 일제가 우리나라를 강제 병탄해 지배하던 시절 할머니는 엿 장사를 하셨더랬다.

어린 시절, 할머니가 엿을 만드는 과정을 봤다. 옥수수나 쌀 등을 갈아서 액체를 만들고 불을 때서 끓인다. 걸쭉한 액체에서 건더기를 걸러낸다. 엿기름을 넣고, 불을 때서 물을 졸여 조청을 만든다. 어느 정도 식은 후 조금씩 떠서 굳히면 딱딱한 엿이 만들어진다. 할머니는 엿을 만들면서 이야기하셨다.

"어느 날 엿을 고아서 다 만들어진 조청을 함지에 떠서 마당에서 식히고 있었단다. 전에도 여러 번 순사가 와서 괜스레 트집을 잡으면, 조청을 한 바가지 퍼서 주곤 했지. 그때마다 한두 숟갈 맛을 보게 해주었

어. 그러면 이놈이 '오이시이(おいしい : 맛있다)' 하면서 흰 뻐드렁니를 드러내며 웃었지. 그러고는 조청 한 바가지를 들고 신이 나서 가곤 했지. 하루는 멀리서 일본인 순사가 오는 기척이 나길래, 모르는 척하고는 얼른 집 안으로 들어갔단다. 순사 녀석, 사립문 안으로 들어서며 사위를 살피더니, 아니나 다를까 숟가락을 들더니 마치 자기 것인 양 조청을 한 숟갈 푹 떴다. 순간 할미도 저러다 죽을 수도 있는데 걱정이 들긴 했는데, 이놈이 그걸 입으로 냅다 집어넣더라. 그러더니 목을 잡고 데굴데굴 구르는 거야. 김이 안 나서 그렇지, 방금 떠놓은 거라 엄청 뜨겁거든. 집 안에서는 식구들이 문틈으로 내다보면서 '쌤통이다'라며 낄낄댔지."

이것도 작은 독립운동이었나? 보훈부에 알아봐야겠다.

공장에서 5명이 질식사고로 죽은 후 경찰로부터 출두 명령이 왔다. 해당 공장 부서장으로서 조사가 필요하다고 했다. 출두명령서를 받고 나서 예전 학생 시절 시위를 하다가 잡혀갔을 때의 기억이 되살아났다. 지금 생각하면 찬 머리보다는 뜨거운 가슴이 행동을 좌우한 시절이었다. 정의감이었을까? 잘 몰랐다고 할까?

형사가 A4 종이 여러 장을 던져주었다. 잡혀오기 전 3일 동안의 행적을 적으라고 했다. 밥 먹고, 화장실 갔던 횟수까지 모두 쓰라고 악악댔다. 열심히 성의(?)를 다해서 썼다. 형사는 읽지도 않고 '좌~악, 좌~악' 찢어 바닥에 던지더니 공포 분위기를 조성했다. 다시 쓰라며 눈을 부라렸다. 한 번 더 써서 내밀었다. 대충 읽더니 또 '좌~악, 좌~악' 찢었다. 또 한 번 열심히 전의 것과 똑같이 썼다. 형사가 훑어보더니 말했다.

"너, 이 새끼. 외워서 썼지. 다시 써."

좋지도 않은 기억을 불러내서 경찰 조사에 대비해 연습했다. 부하 직원들에게는 경찰서에서 조사받을 때 지켜야 할 주의사항을 이야기해주었다.

"경찰 조사를 가벼이 생각하지 마라. 기소 여부는 검찰이 결정하고, 최종 판결은 판사가 한다. 그렇다고 경찰 조사를 가볍게 여겨서는 안 된다. 초동 수사에서 조서에 담긴 내용이 이후 모든 판단의 기초자료가 된다. 경찰의 의견을 바탕으로 검찰이 기소 여부를 결정하므로 신중을 기해 조사에 임하라.

첫째, 안전사고는 의도를 가지고 저지른 범죄가 아니다. 겁먹지 마라. 경찰은 과실치사만 조사한다. 걱정하지 말고 당당하게 임하라. 단 거만하게 보이지 않도록 해라.

둘째, 질문에 대해 꾸며서 대답하지 마라. 생각나는 대로 솔직하게 말해라.

셋째, 물은 것 이외에는 말하지 마라. 조사관에게 의문을 주어 수사가 길어지고, 깊어지고, 뾰족해진다. 말한 것과 질문받은 것을 기억해 갖고 와서 보고해라."

내가 말한 주의사항을 되뇌며 복잡한 머리를 이고 경찰서에 출두했다. 경찰은 많이 달라져 있었다. 정문에서부터 안내가 친절했다. 조사실에서도 경찰들의 언행은 친절 자체였다. '경찰이 20여 년 만에 아주 친절해졌다'라는 느낌이 들었다. 조사를 시작하려는 형사에게 내가 먼저 물었다.

"저 진술서 나중에 복사는 안 되죠? 그럼 조사받으면서 메모는 해도 되나요?"

"네, 메모는 상관없습니다."

이름 ○○○
나이 4×세
주소 서울 강남구 △△동 ☆☆아파트 102동 103호

Q : "언제 ○○부서장으로 오셨나요?"

A : "2023년 1월 ○일입니다."

Q : "사고는 언제 아셨나요?"

A : "5월 10일 02시입니다."

Q : "원래 전에는 어디 근무하셨나요?"

A : "○○○부입니다."

Q : "사고 원인은 무엇이라고 생각하시나요?"

A : "자세히 모르나 질식사로 알고 있습니다."

Q : "작업 공정은 알고 계셨나요?"

A : "네."

Q : "왜 안전조치를 안 하셨나요?"

A : "해당 작업 경험이 적어 그런 위험이 있는지 미처 몰랐습니다."

Q : "부서장인데 아셨어야 하는 것 아닌가요?"

A : "죄송합니다. 다른 일이 많아서 미처 신경을 쓰지 못했습니다. 염
    치없습니다."

Q : "전로 보수 경험이 없으신가요?"

A : "제가 오고 나서 두 번째 보수인데, 하던 대로 동일하게 하리라
    여기고 미처 살펴보지 못했습니다."

Q : "사고에 대한 책임을 느끼시지 않나요?"

(이 대목에서 대답이 정말 중요하다. 사실관계와는 관련이 적은 이야기이지만, 이 질문
에 대한 대답은 조사 전체에 영향을 줄 수 있다. 경찰의 향후 질문의 방향과 강도를 결정지
을 수 있다.)

A : "네, 무한한 책임을 느낍니다. 제가 좀 더 노력했더라면 하는 후
    회가 있습니다. 도의적인 책임을 통감합니다. 너무 몰랐던 저 자
    신이 부끄럽습니다."

이후 경찰에 한 번 더 출두했다. 경찰은 부서장이 실제 작업에 대해
구체적인 지시나 관여가 없었는지를 중점으로 조사했다. 사고의 직접
원인이 되는 행동에 구체적인 지시를 했다면, 피의자가 되어 추가 조사
를 받을 것이었다.

경찰은 과실치사 부분에 대해 집중 조사를 벌였다. 다만 그다지 조

사에 대해 적극적이지 않았다. 범죄 사건과는 달리 과실치사 사건은 자신들의 실적이 되는 것이 아니었기에, 어떤 면에서는 여벌이 되는 귀찮은 일거리가 되는 듯했다. 동시에 여론의 추이도 봐가면서 조심스럽게 조사를 이어갔다. 경찰 조사와 더불어 고용노동부가 산업안전보건법에 대한 조사를 병행하고 있었다. 공식적인 절차는 아니더라도 수사 속도나 의견 등에서 약간은 조율이 필요한 듯했다. 이 또한 성가신 일인 듯 보였다. 안전사고로 인해 공무원들까지 불편하게 해서 오히려 미안한 마음이 들었다. 아무튼 최대한 성실하고 솔직하게 조사를 받아서인지 몰라도 담당 경찰이 마지막 조서를 쓰고 나서 말했다.

"부장님은 정말 아무것도 모르셨네요."

일단 나에게는 특별한 혐의점이 없다는 뜻이었다. 웃어야 하는지, 업무에 대한 무지함을 부끄러워해야 하는지 헷갈렸다. 조서 하단에 서명란과 서류 사이 간인을 찍으라며 형사가 인주를 오른손 밑으로 내밀었다. 나는 도장을 꺼내 보이며 말했다.

"도장으로 찍어도 되죠?"
"물론입니다."
형사 생활 18년에 조서에 찍을 도장 가지고 오는 사람은 처음 봤다며 경찰이 웃었다. 학생 시절 손가락에 인주를 묻혀 찍는 것이 노예가 된 듯해 싫었다.

안전사고로 인한 안 좋은 기억이 어디가 가려운지 모르는 느낌 같았다. 짜증이 나는 가려움이 등을 타고 스멀스멀 기어 올라왔다. 내가 다쳤던 기억, 안전모를 쓰고 코와 입에 흐르는 피를 손으로 막고 앰뷸런스를 타고 병원으로 갔던 장면이 살아났다. 치료 후 다음 날, 사고 현장에 가니 바닥에 핏자국이 선명했다. 또 다른 중대재해 사고 후의 장례 절차, 유족들의 울부짖음, 조사 과정, 공장 재가동과 생산 만회를 위해 몸부림치던 기억들이 펼쳐졌다.

나의 고민은 고민이고, 조사는 조사였다. 모든 조사에서는 솔직해야 한다. 무언가 잘못이 있을 때는 솔직한 것이 가장 큰 무기가 될 수 있다. 숨기려 하거나 부인하려고 하면, 계속해서 거짓말을 하게 되어 더욱 큰 거짓을 만든다. 이는 다른 사람에게까지 피해를 준다. 더구나 회사에서 일하다가 발생한 안전사고에 대한 것이므로 충실하게 조사에 임해야 한다. 그것이 사후 안전대책이나 행정 처리에 도움이 된다. 그런데도 조사 과정에서 자신의 처벌에 대한 불안감으로 거짓 진술을 하는 사람들이 있다. 나중에 그 부분을 수습하기 위해서는 많은 수고로움이 발생한다.

시간은 흐르고, 공장은 돌아가고, 직장생활은 굴러가야만 하는 것이 우리 인생이다. 다시는 중대재해가 없기를 기도하며 회사로 돌아갔다. 머릿속에 고용노동부 조사가 남아 있다는 사실이 들어갈 공간은 남아 있지 않았다. 어떤 조사가 어떻게 계속될지 몰랐다.

부장님은 양으로
승부하시네요

직장생활 20년에 고용노동부 조사는 두 번째였다. 첫 경험은 초급관리자였던 대리 시절이었다. 출근하니 밤사이에 공장에서 싸움이 벌어졌다. 연구소에서 공장으로 온 지 얼마 되지 않아서 어리둥절했다. '일하면서 싸울 일이 무엇이 있을까?' 의아했다. 야간근무 중에 원료를 투입하는 협력사 직원과 쇳물을 끓이는 작업(용해 : 鎔解)책임자인 반장 간에 벌어진 다툼이었다. 용해 반장은 무전으로 원료반에 요청했다.

"원료를 바가지에 빨리빨리 넣어라."

안 그래도 힘들었던 원료반 직원은 퉁명스레 답했다.

"손이 아프도록 뼈 빠지게 하고 있습니다. 원료가 나빠서 더 이상 빠르게 못 해요."

"야! 하라면 하지 뭔 대꾸야."

"그럼, 네가 와서 해!"

말이 엉키기 시작했다. 원래 취지는 흐려지고 시비가 붙었다. 서로 비방이 오갔다. 으레 싸움의 시작은 말꼬리다. "왜 반말이야? 너 몇 살이야?", "너 내려와." 한쪽이라도 참으면 싸움은 없다. "그래 간다. 마!" 맞닥뜨려서 '빠바박' 한두 차례 멱살잡이와 손이 엇갈렸다. 협력 직원은 억울함을 호소할 곳이 없었다. 노동부에 하소연하기에 이르렀다. 사건은 공론화되었다. 노동부는 당사자들과 관리감독 책임이 있는 부서장을 불렀다. 부서장 대신 현장관리자인 내가 노동부 조사를 받았다. 내 책임도 아닌 사실관계 파악을 위한 참고인 조사였다. 시간이 아까울 만큼 오랜 조사였다.

조사를 받으며 새로운 사실을 많이 배웠다. 노동부도 사법권이 있고, 검찰에 사건을 기소 의견으로 송치하는 권한이 있다. 사법권은 사법부에만 있는 줄 알았다. 공돌이가 새로운 세상에서 색다른 경험을 했다. '백문이 불여일견(百聞不如一見)'이요, '백견이 불여일행(百見不如一行)'이라고 했던가? '백 번 듣는 것은 한 번 봄만 못하고, 백 번 보는 것은 직접 행동함만 못 하다'더니 경험이 때로는 소중한 자산이 된다.

두 번째 고용노동부 방문이다. 전로 질식사고로 조사를 받으러 노동부에 갔다. 부서장으로서 법 위반으로 몰릴 수도 있다. 마음이 착잡했다. 사고를 조사하는 고용노동부 감독관은 첫 만남부터 짜증과 조롱이 섞인 말투와 표정을 노골적으로 드러냈다. "왜 당신네 회사는 우리를 괴롭히냐?"라는 말을 아예 직설적으로 뱉어냈다. 조사 중 지나가는 다른 공무원들이 한심하다는 표정으로 힐끗거렸다. 학창 시절의 데자뷔다. 교무실 복도에 무릎 꿇고, 벌서고 있었다. 선생들이 "지나가면서 또 너냐?" 하면서 출석부로 한 대씩 때리며 지나갔다. 오래된 앨범 속 장면은 웬 '쪽팔림'인가? 감독관은 조사와 관계없는 말로 기부터 죽이며 시작했다. 뭔 말이 그리 많은지, 조사나 하면 되지 선생이라도 된 듯 충고를 해댔다.

"오해는 마시고 들어보세요. 부장님 회사 사고로 인해 우리 지청이 일도 많고 너무 힘듭니다. 지난번 ○○건설의 발전소 건설 현장 중대사고 만으로도 바쁘고, 머리 아픕니다. 그런데 부장님 회사까지 일을 주시네요. 아무런 생색도 안 나는 사고처리로 우리 지청이 일에 짓눌려서 천근만근입니다. 관내에 사고가 잦아서 근무 기피 지청이 되었습니다. 매일 생산, 가동률에만 집중하지 마시고 안전에 신경 좀 써주세요."

조사 중 ○○건설 안전부장이 책 한 권을 가지고 감독관에게 들이밀었다. 감독관이 비웃는 듯한 썩소(?)와 짜증 섞인 목소리로 퉁명스레 지적했다. 제법 언성이 높았다. 공포 분위기를 조성하는지, 짜증을 내는지 혼란스러웠다.

"부장님, 사람이 죽었어요. 책 한 권으로 됩니까? 여러분들 잘못으로 사람이 목숨을 잃었습니다. 그런데 대책보고서가 한 권이라니 너무 성의 없으신 것 아닙니까? 이 정도 양으로 되겠습니까?"

순간 머릿속에 오지 선다형처럼 많은 내용이 마구마구 피어올랐다.
'5명이 죽은 우리는 몇 권을 만들어야 하나? 대책보고서에 성의가 없으면 검찰에 기소 의견을 내려나? 경찰서에서는 솔직한 진술이 나름 먹혔는데, 여기 노동부에서는 대책이 중요한 부분을 차지하나? 5권, 아니 10권은 만들어야 하나? 무엇으로 대책서 지면을 다 채우나? 빨리 대책서를 내야 생산을 재개할 텐데…' 최대한 양을 늘려야겠다는 다짐을 새겨 넣었다.

감독관의 질문이 다시 시작되었다. 잘한 것도 없는 주제에 한눈팔고 있냐는 투의 말에 짜증이 섞여 있다.

"부장님, 생산 많이 하시려고 서둘렀죠? 그러니 해야 할 안전조치도 하지 않고 일을 하다가 사람이 죽었죠. 안전교육은 교육대로 다 하고 인원 근태관리도 열심히 하신 것은 알겠습니다. 어떻게 해서 매번 보수 시간을 줄였나요? 작업 시간을 줄인 목적이 무엇입니까? 줄인 시간에 생산을 더 해서 회사가 이익을 본 거죠? 생산량을 늘리면 만족하시는 거죠?"

"공장을 가동하는 입장에서는 생산량을 늘리는 노력은 당연한 것 아닌가요? 안전을 지키지 못한 책임은 당연히 저희에게 있습니다. 다만 일부러 안전을 소홀히 한 것은 아닙니다. 해야 할 조치는 모두 하고 생산한 것입니다."

"그렇죠. 그거 보세요. 아직도 생산 위주로 말씀하시잖아요? 아무튼 대책보고서에는 보수작업 시간을 원래대로 정상으로 되돌리는 내용을 포함해서 제출해주세요."

'보수작업에 표준시간이 있었던가? 언제 것을 기준으로 하지? 기준이 있어야 정상화할 텐데…. 일단 현재보다 시간을 늘려서 그 시간에 안전조치를 한다고 그림을 그려야겠지.' 여러 가지 생각이 머릿속을 휘저었다. 조사를 마치고 사무실로 복귀해 대책 수립을 만드는 지침을 하달했다. 대책 수립 전에 노동부 현장 조사와 특별감독이 먼저 실시되었다. 노동부 조사 기간에 맞추어 공장 곳곳에 임시로 안전표어를 도배하다시피 많이 붙였다. 감독관들이 웃으면서 말했다.

"부장님은 양으로 승부하시네요. 성의는 있으시네요. 안전은 양보다 질입니다. 사고가 없어야죠."

사고가 재발하지 않도록 하기 위한 대책을 수립해서 노동부에 제출해야 했다. 제출한 대책을 노동부에서 검토해 수락해야만 다음 단계로 행정업무가 진행된다. 다음 단계는 노동부와 안전전문가로 이루어진 대책협의회다. 가동 정지 명령이 내려진 공장의 재가동 가능 여부 심사였다. 회의 이전에 대책을 수립해 제출해야 했다. 부서원들과 밤을 낮삼아 대책서를 작성했다. 그림을 최대한 많이 넣었다. 카카오톡을 활용해 작업자들의 안전을 실시간으로 확인한다는 내용이 주를 이루었다. 300쪽에 이르는 책자 8권을 만들어 감독관에게 가져갔다.

"부장님은 양으로 승부하시네요. 안전은 양보다 질입니다. 사고를 안 내셔야죠."

비아냥거림에 치밀어 오르는 분함을 내리눌렀다. 약자(?)의 설움이었다. 안전사고를 낸 공장책임자는 입이 10개라도 할 말이 없다. 공장을 다시 돌려야 했다. 서럽든, 비아냥을 당하든 최단 시간에 공장 가동 정지 명령의 해제를 노동부로부터 받아야 했다. 안전사고는 안전사고고, 목표는 생산이다. 안전사고가 나면 윗사람들이 녹음기를 튼다. 입버릇으로 하는 말이다.

"너, 내가 안전사고 내지 말랬지? 왜 자꾸 안전사고를 내고 그래?"

'아니, 된장(젠장?) 안전사고가 나는 거지. 누가 안전사고를 일부러 내나? 사고 내고 싶은 놈이 어디 있나? 그걸 꾸중이라고 하나?'라는 반발이 속에서 일어난다. 노동부에 와서도 비슷한 기분이 들었다. 대책서를 통과해야 하는 약자는 나였다. 감독관의 놀림을 웃으며 넘겼다.

"앞으로 열심히 잘하겠습니다. 잘 부탁드립니다."

감독관으로부터 일부 수정을 제시받고 대책서는 통과되었다. 대책협의회 자료 준비를 하라는 지시로 마무리되었다. 노동부와는 많은 협조로 대책협의회가 준비되었다. 공장 재가동을 위한 단계가 시작되었다. 양으로 승부한 덕분인지 사고 발생 공장 부서장임에도 노동부는 큰 잘못을 지적하지 않았다.

1년 후 해당 공장에서 또다시 중대재해가 났다. 감독관들이 조사를 나와서는 질식사고 당시 부서장을 찾았다. 나는 다른 부서로 이동해 있었다. 감독관이 농담 반 진담 반으로 던진 한마디를 전해 듣고 웃을 수도 울 수도 없었다.

"그분 참 운이 좋으시네요. 계속 이 공장에 근무하고 계셨다면 가중처벌 될 텐데."

노동부는 중대재해가 나면 사고를 조사하기도 하지만, 대책 수립 등 많은 면에서 도움을 준다. 노동부나 안전보건공단 등과 협조해 안전사고를 미리 방지하는 데 많은 도움을 받을 수 있다. 평소에는 안전 조직만 노동부와 소통하는 아쉬움이 있다. 안전 조직을 통해서 노동부로부터 많은 지원과 협조를 받을 수 있다는 사실을 인지하고, 각 현장의 안전관리자나 관리감독자들이 이를 활용하면 우리 일터의 안전을 확보하는 데 큰 도움이 될 수 있다.

사장을 보호하라

〈라이언 일병 구하기〉라는 영화가 있다. 8명의 병사가 라이언 일병 1명을 구하기 위해 희생하며 치열한 전투를 벌인다. 그들이 목숨을 걸고 힘들여 찾은 라이언 일병은 자신만 살아나갈 수 없다면서 다리 사수를 위한 싸움에 참여한다. 나머지 병사들도 함께 전투를 치른다. 오래전에 봤던 영화가 안전사고 조사 과정에서 떠올랐다.

작업장 내부에 가스가 찬 것을 모르고 진입한 작업자 5명이 질식으로 사망했다. 거대한 항아리 형태의 작업 공간에 아르곤 가스가 들어오면서 공기를 몰아냈다. 산소가 부족해져서 발생한 안전사고였다. 회사는 언론에 사과 및 향후 대책을 발표하고 수습에 들어갔다. 각 기관의 조사가 시작되었다. 형사들은 '과실치사'에 중점을 두고 조사했다. 감독기관인 고용노동부는 '산업안전보건법'을 조사했다.

산업안전보건법 위반 여부를 두고 고용노동부(감독관)와 회사 법률 대리인 간의 치열한 의견 다툼이 벌어졌다. 보통 산업안전보건법의 위반은 최고경영자인 대표이사 사장의 책임으로 귀결된다. 감독관은 반드시 생산 및 기술 전체를 관리하는 사장을 엮어 넣어 사망사고의 고리를 끊겠다는 의지를 드러냈다. 당연하지만 회사 입장은 달랐다. 사장이 구속되면 이제 막 제품을 생산하고 있는 공장의 운영에 문제가 될 것이다. 직원들의 사기가 저하되어 한창 진행 중인 막바지 제3기 공장 건설에도 차질이 올 것이라고 우려했다. 고위층(?)으로부터 특명이 내려왔다.

'사장을 반드시 보호하라. 공장 운영과 건설에 공백이 생겨서는 안 된다.'

전 직원들은 특명을 등에 업고 모든 자원과 수단을 동원했다.

'라이언 일병 구하기' 아니, '사장 구하기'가 시작되었다.

회사의 첫 번째 작전은 '책임 전가'였다. 언론에 사과 및 향후 대책을 발표했다.

"우리는 작업장 내부 벽돌 공사에 전문적인 실력이 있는 '○○축조'에 공사를 모두 일임했다. 작업 중 작업자들의 사고 여부도 전적으로 그들이 책임지도록 충분한 대가를 지불하고 계약했다. 그러나 도의적 책임을 통감해 사고를 처리하는 '○○축조'에 지원을 아끼지 않겠다."

'눈 가리고 아웅', '손바닥으로 하늘을 가리기', '머리만 처박는 꿩'

꼴이었다. 발표는 하루도 지나지 않아서 여론에 밀려 사과로 바뀌었다.

"하도급 업체의 사고도 원청의 책임이다. 원만한 수습을 위해 최선을 다할 것이다. 모든 책임을 다할 것을 약속한다. 향후 재발 방지를 위한 특단의 조치를 할 것이다. 안전을 위해 몇백억 원을 투자할 계획이다. 안전전문가도 충원할 예정이다."

1차 작전은 실패했다. 일과성 해프닝이었다. 회사의 체면이 코 풀고 구겨버린 신문지 꼴이 되고 말았다.

감독관들은 사장의 책임을 찾기 위해 부단히 애를 썼다. 조사 때마다 사고 회사의 직원들에게 '전체 공장의 안전책임이 누구에게 있냐?'라고 반복해서 물었다. 직원들은 방탄조끼로 무장하고 있었다. 감독관의 무차별 질문 난사에 직원들은 끄떡도 하지 않았다. 그저 자기 일에 대해서만 대답했다. 사장의 책임 부분에 대한 물음에는 꿀을 먹었다. 답하지 않았다. 속절없이 성과 없는 시간만 흐르고 있었다. 감독관들의 수장이 아이디어를 냈다.

"공장 건설과 생산의 총괄책임자가 누구입니까? 조직도를 가지고 오세요."

"사장 밑에 안전, 생산, 품질, 정비, 기술 등 5개의 조직이 구성되어 있습니다. 조직도에 따르면 사장이 이 사업장 전체의 안전책임자입니다. '○○축조'와의 도급계약서에도 사장이 대표이사로서 도장을 찍었으므로 안전관리총괄책임자입니다."

회사 법률 대리인이 말했다.

"기본적인 운영 지침(산업안전기본법)상 직원의 업무상 상해는 사업주의 책임입니다. 이를 사업주로부터 위임받은 사장의 책임이라는 데는 동의합니다. 다만 회사 내부의 규정이 있습니다. 본부장들이 안전관리를 책임지도록 지난 연초에 명문화했습니다. 그 서류를 제출할 것입니다."

법률 대리인의 논리가 감독관에게 어느 정도 먹힌 듯했다. 법보다 회사의 내부 규정, 내부 문서가 우선한다는 논리였다. 감독관은 사장을 나중에 조사하기로 하고, 본부장들을 신문하기 시작했다.

어느덧 사고가 발생한 '○○축조' 작업을 포함한 공사 전체를 주관하는 조직이 어디인가를 가리는 조사로 방향이 바뀌었다. 감독관이 신문했다.

"왜 항아리 내부에 가스가 들어갔습니까? 가스가 들어가도록 한 것이 누구입니까?"

모두 자기 본부는 아니라고 주장했다. 감독관이 다시 승기를 잡았다.

각 본부장이 모두 자기는 아니라고 주장하니 본부장들을 총괄 지휘하고 '○○축조'와의 계약서에 직인을 찍은 사장이 주체라고 봐야 한다는 해석이었다. 다시 사장의 대리인을 신문했다.

'왜 항아리에 '밀폐공간 작업 프로그램'을 적용하지 않았는가?'가 주제였다. 수행 여부의 책임은 사장에게 있다는 것이 감독관의 법리적 해석이었다. 프로그램 미실시는 산업안전보건법 위반이다. 이는 안전관리총괄책임자인 사장이 위법했다는 주장이었다. 감독관들의 공격이 직선으로 내리꽂혔다.

회사 법률 대리인은 사장을 구하기 위해 다른 논리를 펴기로 했다. 우선 "항아리 형태의 작업 공간은 밀폐공간이 아니다. 윗부분이 터져 있다. 밀폐공간이 아니고 평소에는 그 안에 노동자가 들어가지 않는다"라고 주장했다. 밀폐공간이 아니라는 주장이 받아들여지면 산업안전보건법 위반이 성립되지 않는다. 이는 안전사고의 책임을 사장에게 물을 수 없다는 의미였다. 당연히 감독관은 받아들이지 않았다.

밀폐공간의 법리적 해석은 법원으로 넘어갔다. 노동부 조사 후 이루어진 재판 과정에서 법원은 최종적으로 항아리 형태의 작업 공간이 밀폐공간이라고 판시했다.

"노동자의 안전을 지키기 위해 밀폐공간을 정의하고 작업 프로그램을 법으로 만든 것이다. '어느 한쪽이 열려 있느냐? 닫혀 있느냐?'의 문제가 밀폐공간을 결정하는 기준이 아니다. 노동자가 산소 부족으로 위험에 처할 수 있는 공간이면 밀폐공간이다"라는 법원의 해석이었다.

감독관은 사장에게 소환장을 보냈다. 안전실장이 소환 사실을 사장에게 보고했다. 사장이 소리쳤다.

"내가 왜 감독관에게 가서 심문받아야 합니까? 못 갑니다. 나는 기업주로부터 생산, 품질, 노사, 기술 등의 책임과 권리에 대해서 명 받았습니다. 하지만 안전에 대한 지휘권은 부여받지 않았습니다. 내가 심문받을 이유가 없습니다."

안전실장은 자신의 목줄을 쥐고 있는 사장의 말을 무시할 수 없었다. 안전실장은 감독관과 타협했다. 감독관은 항아리에서 발생한 사망사고 건이 아닌 종전에 발생한 과태료 문제를 협의하기 위한 내용으로 소환장을 보냈다. 그제야 출두한 사장은 여전히 같은 주장을 했다. "안전에 대한 지휘권이 없다"라는 논리였다. 감독관은 조직도를 내보이며 "사장 아래에 각 본부가 있고, 그 지휘권이 사장에게 있다. 안전만 지휘권이 없다는 주장은 어불성설"이라며 밀어붙였다. 회사 법률 대리인은 "각 본부장이 본부별 안전관리책임자다. 안전사고 시에 책임을 지겠다"라고 사인한 서류를 감독관에게 들이밀었다. 감독관은 사장을 안전관리총괄책임자로 확정하는 방향으로 더 이상 전진하지 못했다(?).

감독관은 방향을 선회했다. 아니 한발 물러섰다.

"밀폐공간 작업 프로그램을 시행하지 않은 것은 법 위반이 분명하다. 이는 전체 작업을 위해 공정을 관리하는 서류에 사인한 자의 책임이다."

○○본부장의 사인이 들어 있는 공정 관련 서류를 증거로 제시했다. 처음부터 그렇게 하기로 마음먹었으면서 그동안 사장을 목표로 해서 쇼를 했는지, 의도대로 안 되니 꿩 대신 닭을 택했는지 모를 일이었다. 누구의 책임이든 밀폐공간이라는 사실과 산업안전보건법 위반은 변하지 않는 감독관의 입장이었다. 그러나 사장을 엮어 기소 의견을 보내려던 의지는 가물거리며 멀어졌다.

회사의 법률 대리인은 감독관의 주장에 굳이 반대하지 않았다. 그들에게는 사장 보호가 최우선이었다. 그 외의 사람은 법률 대리인의 관심 한계선 밖에 있었다. 그들은 자신들이 설정한 '사장 구하기' 전투에서 승리했다. 항아리 작업 공정에 관한 서류에 사인한 사람이 검찰을 거쳐 법정에 출두했다. 그가 법원의 심판을 받았다. 법인인 회사도 산업안전보건법 위반으로 벌금형에 처했다. 해당 법인의 대표이사는 2명 모두 포함되지 않았다.

영화 〈라이언 일병 구하기〉에서 라이언가의 4형제가 모두 2차 세계대전에 참여한다. 라이언의 형제 중 셋이 전사했다. 미국군 고위층은 막내인 라이언 일병을 구하기 위한 작전을 지시한다. 전쟁의 승리와는 관계없이 형들을 조국에 바친 라이언 일병과 그들의 어머니를 위해 8명이 목숨을 걸고 작전에 돌입한다.

안전사고로 조사받는 회사의 관련자, 지원 인력, 그리고 법률 대리인들은 훌륭하게 작전을 수행했다. 8명이 죽어가며 한 사람을 구한 〈라이언 일병 구하기〉의 대모험이 그랬듯이. 법인은 벌금을 내면 그만이고 아랫사람은 없어도 회사는 잘 굴러가니까….

밀폐공간 작업 프로그램을 실시하지 않은 것은 법 위반임이 자명했다. 산업안전보건법을 준수할 책임은 안전보건총괄책임자의 직무다. 도급업체와의 계약에 도장을 찍은 이가 안전보건총괄책임자였다. 그러나 회사 내부 서류에 대한 해석의 차이로 칼날의 방향이 바뀌었다. 법리 해석의 차이였는지, 다른 무엇이 있었는지 모를 일이다.

안전사고에 대한 책임은 누구에게 있는 것일까? 라이언 일병은 혼자만 살아나갈 수 없다며 다리를 지키는 전투에 참여했다. 자신의 생명보다 전투 참여를 원했다. 부대를 위한 선택을 했다. 라이언 일병을 구하기 위해 전투에 참여한 밀러 대위는 마지막 전투에서 치명상을 입고 죽어가며 부하들에게 라이언 일병을 집으로 보내기 위해 희생을 치르라고 말한다. 수십 년 후, 노인 라이언과 그의 가족은 노르망디 묘지에 있는 밀러 대위의 무덤을 방문한다. 라이언은 밀러의 말하는 장면을 회고한다. 자신이 최선을 다해 살았는지 자문한다. 아내가 옆에서 "그렇다"라고 답한다.

조사 과정 중 어느 형사가 한 말이 머리에 시리게 다가왔다.

"높은 분이 '내 책임이다'라고 하며 나서야 하지 않나요?"

처음으로 내가 다니는 회사가 부끄러웠다.

오늘, 누구에게랄 것 없이 묻는다.
"5명의 죽음 이후에 안전을 위해 최선을 다하고 있습니까?"

집행유예 고지를
점령하라

전로 질식사고 조사에서 노동부는 보수계획에 결재한 본부장을 '산업안전보건법 위반'으로 봤다. 보수 서류에 사인한 사람을 보수공정 전체를 총괄한 책임자로 봤다. 검찰에서도 해당 본부장을 피의자로 조사하고 기소했다. 그는 1심에서 '산업안전보건법 위반 및 과실치사'로 징역 2년 형에 처해졌다. 재판부는 안전사고 후 일 처리가 남았다는 사실을 참작해 법정구속은 하지 않았다. 양형은 무거웠다. 집행유예도 없는 징역형이었다. 회사는 항소했다.

2심이 시작되었다. 사측 법률 대리인들은 '라이언 일병 구하기'로 절반의 성공을 거두었다. 1심에서 산업안전보건법 위반에 대한 대응이 미흡했다는 판단으로 변호사를 교체했다. 새로운 전투가 시작되었다. 작전회의 주제는 2심에서의 행동 지침이었다. '산업안전보건법 위반을 부인하고 계속해서 무죄를 주장할 것이냐?', 아니면 '산업안전보건법 위반을 인정하고 양형을 줄일 여지를 주어서 집행유예를 구걸할 것이냐?'였다. 집행유예를 받아내기 위해서는 양쪽 모두에 문제는 있었다.

무죄를 주장할 경우, 1심에서는 이미 산업안전보건법 위반이 명시되었다. 그런데 사측이 계속 "전로는 밀폐공간이 아니므로 산업안전보건법 위반이 아니다"라고 주장하면, 노동부, 검찰, 1심 재판부의 의견을 모두 부인하는 것이다. 오히려 괘씸죄가 되어 양형이 더 커질 수 있다. 집행유예를 받아내기 어려워질 수 있다.

반대로 밀폐공간을 인정하면, 1심에서 산업안전보건법 위반이 아니라고 변호한 것들에 대한 자기부정이 된다. 체면이 깎이고 '본부장'의 명예에 금이 갈 수 있다. 만에 하나 2심에서 집행유예를 받지 못하고 형이 확정되면, 죄를 인정했으므로 2심 후에 항소할 명분이 사라진다. 그러면 '본부장'은 형을 살아야 한다. 여러 번의 작전회의 끝에 산업안전보건법 위반을 인정하고, 집행유예를 받자는 쪽으로 의견을 모았다. 이미 '라이언 일병'은 구했으므로 '다리를 지키는 일'에는 관심이 없었다. '본부장'의 명예와 유무죄를 따지는 것이 아니다. 감옥살이만큼은 막아보자는 목표를 세웠다. '집행유예' 고지(?) 점령을 위한 전투에 돌입했다.

먼저 1심 판결 내용 검토에 들어갔다. 1심에서는 전로가 밀폐공간이 아니라고 주장했다. 재판부는 1심에서 "전로는 밀폐공간이다"라고 판시했다. 이를 번복하려고 주장하면 집행유예는 어렵다는 것이 변호인들의 주장이다. 밀폐공간에 관한 주장은 더 이상 하지 말자. 이는 '본부장'이 무죄라는 주장을 철회한다는 의미였다. 어느 정도 1심의 형을 인정하고, 집행유예를 받아내자는 작전이었다.

두 번째는 '본부장' 건강 문제와 아버님의 사망 등으로 피고인이 힘든 처지에 있다는 사실을 강조했다.

세 번째는 피고인이 사고의 책임을 통감하고, 회사에서 사직했다는 점을 강조했다.

마지막으로는 탄원서를 작성했다. 다행히도 '본부장'은 노사관계에 서든, 아랫사람에게든 후덕한 이미지를 갖고 있었다. 회사를 그만두었음에도 탄원서에 사인을 받는 일은 어렵지 않았다. 재직기간 중 안전순찰 등 안전에 대한 업무를 성실히 수행한 부분도 강조했다. 일일 안전순찰일지, 안전과 관련한 지시사항, 안전회의 시의 구체적인 진술이 적힌 서류를 증빙자료로 제출했다. 무죄를 주장하는 것이 아닌 양형을 낮추어 집행유예를 원하는 요구가 먹혔다. 재판부는 속도를 냈다. 집행유예 고지가 보이기 시작했다.

변호사들은 계속해서 회사에 말했다. "재판이 종료되기 전까지 중대재해가 또 발생하면 안 된다"라고 신신당부했다. "이러한 종류(집행유예를 위해 조율하는 과정을 뜻했는지 모를 일이었다)의 재판 과정에서 해당 회사에서 다시 유사한 사고가 나서는 여론이 나빠져서 양형이 커질 우려가 있다"라는 이야기를 했다. 집행유예가 나올 때까지 여론의 관심을 받지 않도록 해야 한다는 취지였다.

세월이 흘러 흘러 2년이 다 되어갔다. 사고 후 607일 차, 2심 최종 판결이 나왔다.

1) 공정조정을 못 한 최고책임자이며 안전관리책임자로서, 유죄(과실치사).
2) 밀폐공간 프로그램 미시행, 유죄(산업안전보건법 위반).
3) 아르곤 호스를 먼저 연결하는 것을 감시 못 한 것, 유죄(과실치사).
   다만, 회사가 피해자와 합의했으며, 본인이 책임지고 퇴사했고, 사고 후 안전활동이 강화되었다. 안전시스템, 안전의식 부재의 문제이지, 개인이 책임지기에는 양형이 크다. 1심을 파기하고, 징역 2년, 집행유예 3년에 처한다.

그들(사측 법률대리인)은 다시 전투에서 목표를 달성했다. 대단한 고지전(?)은 아니었으나 나름 최선이라고 세운 목표를 달성했다. '본부장'이 자신의 명예를 포기하고, 형을 어느 정도 받겠다고 각오한 덕분이었다. 그는 퇴사했고, 자신의 불명예를 감수했다. 재직 시의 많은 안전활동 실적이 집행유예를 이끌어내는 데 도움이 되었다. 재직 중 직원들과 좋은 관계를 갖고 지냈다. 좋은 노사관계를 유지한 부분도 집행유예 전투에 많은 도움이 되었다.

원인 없이 발생하는 사고는 없다. 원치 않는 사고가 발생하기도 한다. 사고 후 회사 피해 이외에 개인이 처벌을 받아야 할 상황이 발생한다. 생명을 위한 안전에 책임자가 관심을 갖고 자신의 임무를 성실히 수행한다면, 안전사고를 최소화할 수 있다. 더불어 성실한 안전활동은 사고 후 처리 과정에서 발생하는 예기치 못한 곤란한 상황에서 도움이 될 수 있다.

안전을 중심으로
경영하세요

  '안전제일'이라는 말은 앞에서 이야기한 대로 미국의 유에스 스틸에서 유래했다. 미국의 경제는 유럽의 전쟁(1차 세계대전) 덕분에 엄청난 호황을 누리고 있었다. 만들어서 팔기 바빴다. 안전에 관해서는 관심이 전혀 없었다. 당시 잡지에 실린 만평 그림에는 매우 높은 곳에 아슬아슬한 쇠기둥 위에 노동자가 앉아서 시가를 태우는 모습이 있다. 화약을 제조하던 회사인 듀폰사는 안전사고가 많았다. 사장이 자기 집을 공장 내로 옮기고 상주했다. 사장이 공장 내에서 먹고 자며 안전을 챙겼다는 일화는 유명하다. 그만큼 당시에 안전사고가 많았다는 방증이다.

  안전제일을 주창하는 것은 현재 상황이 안전이 제일이 아니라는 증거가 아닐까? 억지 비유가 되겠으나 '영국신사', '동방예의지국'이라는 말도 좀 비슷한 뉘앙스가 있다. 신사다운 이가 없어서 '영국신사'라는 말이 있고, 예의가 없어서 '동방예의지국'인지도 모를 일이다. '천고마비(天高馬肥)'라는 말은 원래 하늘이 높고 말이 살찌면 만리장성 넘어 오랑캐들이 쳐들어오니 조심하라는 뜻이었는데, 날씨가 좋다는 것으로 의미가 바뀌었다. 가을은 '독서의 계절'이라고 한다. 날씨가 좋아지면 단풍놀이 등으로 선비들이 놀러 다니므로 이를 경계하기 위해 '등화가친(燈火可親), 독서의 계절'이라고 했다. 가을에는 오히려 책을 읽지 않았다는 증거다.

일본인이 친절하다고 이야기되던 시절이 있었다. 일본 출장길에 겪은 일이다. 역이 어디냐고 길을 물었다. 오십 줄은 되어 보이는 아주머니는 통명스럽게 "저기 가면 오마와리상(おまわりさん : 순경)이 있으니 거기 가서 물어봐라"라고 했다. 일본인은 엄청 친절하다고 들어서 친절히 세세히 알려주리라 기대했는데, 순간 당황스러웠다. 평소에 우리가 알던 그들의 친절함은 먹고살기 위한 '생존 친절'이었다. 출장 간 회사에서 시내 관광을 도와주라고 여직원을 동행시켜주었다. 정말 친절히 잘 해주더니 업무 시간이 지나니 전혀 다른 사람이었다. 갑자기 "나는 시간이 다 되어서 퇴근한다"라고 했다. 시내 길 한가운데서 벌어진 상황이었다. 당황스러웠다. 그녀의 몇 시간에 걸친 수고에 대한 고마움이 일순간 당혹감으로 바뀌었다. 직업적인 친절이었다. 친절이 그들에게는 일이었다.

이제 우리는 먹고살기 위해서 안전을 챙겨야 한다. 생산, 판매 중심의 경영에서 한 걸음 더 나아가 안전 중심의 경영으로 나아가야 한다. 1980~1990년대 아파트 공사로 생산만 하면 없어서 못 파는 제품이 있었으니, 이름하여 철근이었다. 무시무시하게 철근이 팔리던 시절, 회사 정문에 막 생산한 철근, 제대로 다 식지도 않아서 열꽃이 나는 철근을 싣고 나가던 모습이 선하다. 정문만 나가면 가격이 10% 이상 바로 올랐다. 이에 맞추어 생산에 박차를 가했다. 공장이 5분만 정지되어도 높은 분의 전화가 빗발쳤다. 그 이후 1990년대 말 품질이 이슈가 되면서 다시 난리를 겪었다. 시대적 상황과 우리 경쟁력을 위해서 경영의 중심점이 약간씩 이동한다. 이제 안전이다. 전체적으로는 ESG[30] 체제로 옮겨가는 과정이지만, 그 안에서도 현재는 지구 온난화 문제와 더불어 안전이 가장 기본이다. 안전이 먹고살기 위한 이슈가 되었다.

생산이 경영의 중심일 때는 이익 목표가 정해지면 팔 물건의 양 목표가 정해진다. 생산할 물건의 양을 정한다. 생산할 수 있는 능력을 계산해 달력시간에 맞추어 생산과 보수 시간계획을 세운다. 목표를 먼저 정하고 최대한 생산하기 위해 가능한 한 짧은 시간만 보수를 한다. 단체협약에 의해 노동자가 쉴 수밖에 없는 설과 추석 명절에 설비를 개선하거나 수리했다. 노동자들이 출근할 때 제품을 한 톨이라도 더 만들기 위한 방책이었다.

---

30) ESG : 기업의 비재무적 요소인 환경(Environment), 사회(Social), 지배구조(Governance)를 뜻하는 것으로, 친환경 및 사회적 책임경영과 투명경영을 통해 지속 가능한 발전을 추구하는 것.

다음은 품질이 이슈가 되었다. 불량에 의한 생산 손실을 방지하기 위해서였다. 불량품이 생기면 그만큼 생산량이 감소한다. 불량품이 고객에게 공급되면 회사의 경쟁력에 치명적이다. 클레임이 발생하고 상품에 대한 신뢰도 저하한다. 이는 바로 회사의 매출 손실로 이어진다. 수익과 직결되는 원가계획에는 생산과 품질이 포함된다. 그러나 안전은 포함되지 않는다. 최근에 안전이 강조되면서 보수계획에 안전계획이 추가되었으나, 안전은 별도의 시간계획이 없다.

생산을 위한 기존의 설비점검, 보수 시간과 같은 개념을 안전에도 적용해야 한다. 바로 안전 점검 시간의 도입이다. 전로 질식사고 조사 시 감독관들은 "생산을 많이 하기 위해 보수 시간을 무리하게 단축했다" 라고 지적했다. 사고 후에는 보수시간을 하루 늘려서 실시했다. 모든 안전절차를 철저히 준수하며 진행했다. 각 작업 공정 간 소통 회의, 전원 참여하는 TBM, 표준작업순서를 준수해 작업을 진행했다. 첫 작업에서는 시간이 1.5일 초과했다. 여러 차례 반복해서 수행하니 횟수를 거듭할수록 시간이 저절로 물 흐르듯이 단축되었다. 처음에는 시간이 매우 늦어질까 염려했으나 표준을 지키는 것이 오히려 효율적이라는 점을 깨닫게 되었다. 안전을 위한 별도의 시간이 오히려 작업수행에 도움이 된다.

공장에는 생산속보, 품질속보가 있다. 안전속보도 필요하다. 안전점검이 제대로 시행되는지, 생산을 중단하고 안전 점검시간을 별도로 두는 만큼 효과가 있는지를 경영자가 직접 관리해야 한다. 안전 중심의 경영이 안전회사를 만들 수 있는 첩경이다. 매일매일 생산속보와 품질속보에 임직원들이 '생산 미달 사유를 무엇이라 적을까? 가동 및 정지시간이 목표미달은 아닐까? 소수점 하나라도 틀릴까?' 얼마나 신경을 곤두세우고 관리하는지를 최고경영자는 알고 있을까? 경영자들이 만약 매일 안전 속보를 챙긴다면 회사 전 임직원은 당장 오늘, 이 순간부터 다르게 움직일 것이다. 생산속보, 품질속보에 안전속보를 추가해 사업주가 직접 관리한다면, 안전 중심의 경영이 이루어진다. 안전 중심경영이 안전한 회사를 만들고 경영책임자를 보호하는 첩경이다.

안전지표를 직접
관리하세요

ISO45001(안전경영시스템) 심사를 나갔다. 대다수 사업주는 그런 것이 있는 줄도 잘 모른다. 외부에서 하는 인증심사 일은 실무자에게 맡겨두는 귀찮은 일이 된 지 오래다. 거래업체에서 제품을 사거나 업무계약을 할 때 인증을 요구하면 어쩔 수 없이 심사를 받는 형식적인 겉치레가 되었다. 1990년대 초에는 ISO9001 등을 받지 않으면 수출도 못 하고, 납품도 못 한다고 하니 경영층이 관심을 두었다. 지금은 그저 사소한 행정적인 일로 전락했을 뿐이다.

ISO14001(환경경영시스템)도 별반 차이가 없다. 시행 초기에 환경규제라 여기고 '앗! 뜨거워' 하다가 웬만큼 지나면 무관심하다. 실제 특별한 관련이 없는 한 ISO45001이나 코샤(KOSHA) 등 안전관리 체계 구축이 전혀 안 되어 있는 중소업체들이 많다. 사업주가 관심이 없는데 직원 중 누가 나서서 당장은 돈도 되지 않는 일을 추진하자고 건의할 것인가? 괜히 인증업체나 컨설팅업체와 모종의 관련이라도 있는지 의심받기에 십상이다. 직원 처지에서는 행정적인 일로 자신만 일이 많아져서 귀찮고, 엄두도 나지 않는 게 당연지사다.

이런 와중에 중대재해처벌법이 시행되었다. 사업주나 경영책임자 본인이 잡혀갈 수 있다니 '앗! 뜨거워'가 다시 등장하는 형국이다. 중대재해처벌법 시행 후 사업주들의 불만이 거세다. "노동자가 잘못해서 일어나는 안전사고에 대해서까지 고용주인 사업주더러 책임지라고 한다. 노동자들의 안전의식이 근본적인 문제다. 안전의식 향상이 우선이다. 그런 것을 사업주가 다 책임지면 어떻게 사업하나? 지금도 산재보험료로 나가는 돈이 많다. 산업안전보건법만으로도 충분하다. 너무 사업주만 쫀다"라고 볼멘소리를 한다. 실질적인 안전에 관한 관심보다는 중대재해처벌법에 대한 불만이 앞선다.

"사장님, 사장님 회사 매출은 작년 얼마고, 올해는 계획 대비 얼마인지 아시죠? 당연히 손익도 얼마인지 아시죠? 법인세를 얼마 냈는지도 알고 계시죠?"

"그야 당연히 알지. 먹고살자고 사업하는데 그걸 모르고 어찌 사업하나?"

"그럼, 사장님 회사 작년 재해율 실적과 올해 목표도 기억하고 계시죠? 직원들이 먹고사는 문제고 건강에 관한 문제이니."

"그거야 안전관리 담당자가 체크하고 알려주지. 사장이 일일이 알수 있나?"

"안전제일이라면서요? 직원이 건강해야 공장을 돌려 제품을 만들어서 팔아야 사장님도 먹고살고, 사장님이 월급을 주어야 직원도 살지요?"

안전에 대한 사업주의 관심은 돈과 연결되어야 한다. '산재보험료 지출, 회사의 재해율은 얼마인지 아시나요?', '중대재해만 아니면 관심이 없나요?' 사업주는 경기침체나 시황 등 회사의 매출, 손익에 해당하는 자료들에는 지속적이고 깊은 관심을 보인다. 그에 반해 안전에 대한 항목들인 재해율이나 안전지표에 대해서는 얼마나 인지하고 있는지 의문이 든다. 중대재해가 발생하면 태도가 달라진다. 회사의 존망이 걸려 있기 때문이다. 중대재해처벌법이 생기고 나서 많이 달라졌다고는 하지만, 아직도 사업주의 안전인식의 강도가 약하다. 구체적인 안전사항에 대한 사업주의 인식 향상이 아쉽다.

노동자들의 안전의식이 주요한 문제이기는 하다. 그러나 무사하게 일할 수 있는 터전을 만들 책임은 사업주에게 있다. 중대재해처벌법은 사고가 난 후 사업주를 처벌하기 위해 만들어진 것이 아니다. 안전에 대해 좀 더 신경을 쓰고, 관심을 두라는 것이 법의 취지다. 교통법규 위반 단속이 과태료 부과가 목적이 아닌 것처럼 말이다. 고속도로를 운전하다 보면 잘한 것 세 가지를 꼽을 수 있다. 그것은 고속도로 운전자들의 안전을 위해서 취한 조치 중에 구간단속, 졸음쉼터, 그리고 요금소나 나들목을 지날 때 바닥에 색깔을 칠해놓은 것이다. 구간단속을 지정함으로써 과속을 막아서 위험성을 줄였다. 위반하는 차량 운전자에게서 범칙금을 받으려는 게 목적이 아니다. 운전자들의 과속을 막아서 사고를 예방하기 위함이다. 졸음쉼터 및 차선도색 역시 교통사고 방지에 많을 도움을 주고 있다. 운전자가 편안하고 무사하게 운전할 수 있는 환경을 마련해주고 있다. 운전을 직업으로 하는 이들에게 안전하게 일할 수 있는 환경을 제공하는 셈이다. 공장에서도 이러한 안전한 작업 환경을 구축할 수 있는 제도 등이 많다. 안전 관련 제도에도 사업주의 인식과 관심이 증대되어야 한다.

위험성 평가나 PSM(Process Safety Management : 공정안전관리) 등 안전에 연관된 많은 제도가 있다. 이를 통한 안전문화 개선이나 안전관리 체계 구축에는 많은 시간이 소요되고 있다. 중대재해처벌법의 목적은 사업주들이 인식과 실천을 바꾸고, 솔선수범해 실질 업무를 하도록 독려하고자 하는 데 있다. 중대재해처벌법을 인지해 솔선수범을 강제하려는 목적이다. 주가 지표나 생산성처럼 사업주가 본인이 경영하는 회사의 재해율에 초미의 관심을 두고 시행한다면, 회사의 안전문화가 급격히 향상될 것이다. 이는 재해율의 감소로 이어져 산재 요율이 낮아지고, 실질적으로 회사의 손익에도 도움이 될 것이다. 법으로 정해져 있지는 않으나 사업주가 강력한 의지를 가지고, 깊고 뾰족하게 안전계획 및 실적을 관리하는 방안을 강구해야 한다.

안전실적에 따라 성과금과 승진에 반영하는 방법도 좋은 방안이다. 일부 회사에서는 KPI[31]에 안전을 적용하고 있다. 그러나 안전을 적용하는 비율이 미미하다. 안전의 비중을 생산, 판매만큼 올리면 그 효과가 좀 더 뚜렷하게 나오리라 기대한다. 생산, 원가 절감을 위한 우리나라의 기술은 최고 수준이라고 해도 과언이 아니다. 이제는 안전사고로 인한 손실을 최소화해야 하는 시점에 도달했다. 생산지표, 품질지표를 관리하는 기법을 안전에 도입할 시기가 도래했다.

---

31) KPI(Key Performance Indicator, 성과지표) : 개인 또는 조직의 성과를 객관적으로 평가하는 기준, 척도.

안전, 과정을 살피세요

먼바다를 운항하는 상선들은 시간이 돈이다. 같은 목적지로 가는 다른 나라 배들은 15일 걸리는 바닷길을 한국 상선은 어렵지만 거리가 가까운 다른 코스를 택해서 더 짧은 시간에 도착했다. 외국인들이 엄지를 들어 보이며 "코리아! 넘버 원!"이라고 외친단다. 속으로는 '그러다 너네 죽어'라고 하지 않았을까? 이제 우리 모두 안전한 과정을 만들 때다. 과정을 가벼이 여겨서 아무렇게나 운전해서 빨리만 갈 수 있으면 최고라고 치켜세우던 구습은 버려야 한다. 빠른 결과, 우수한 결과만을 바라는 구태다.

아이가 중학교 1학년 한창 사춘기를 지나고 있었다. 엄마와 크게 싸우고 아빠에게로 왔다. 아이가 울면서 말했다.

"엉엉, 엄마는 내 마음을 너무 몰라."

무슨 일인가 의아해하며 아이를 보니 가관이었다. 빨강, 파랑, 노랑의 세 가지 색으로 머리가 염색되어 있었다. '음… 이걸 어쩐다.' 엄마에게 혼나서 울고 왔는데, 아빠마저 꾸중하면 아이가 기댈 곳이 없겠지. 애써 마음을 숨기고 물었다.

"무슨 일이니?"
"엄마가 머리 염색했다고 혼냈어. 그럴 거면 집을 나가래."

아이가 치마를 자르고 왔을 때도 온 집안이 한바탕 난리가 났다. 무릎 아래까지 내려가도록 맞추어준 치마를 아랫부분을 잘라서 깡총하게 만들었다. 엄마는 공부는 안 하고 멋 부리는 데에만 신경 쓴다며 난리였다. 아이가 대들며 말했다.

"그래도 다른 아이들보다 길다."
"왜 다른 아이들을 신경 쓰냐? 너만 똑바로 하면 된다."

모녀가 어렵사리 협상했다. 엄마가 해준 길이와 다른 아이들 길이의 평균으로 마무리했다. 머리를 세 가지 색으로 염색한 아이와 이를 반대하는 엄마 사이에서 아빠는 무어라고 말해야 할까? 아이가 실망하지 않고, 아이 엄마도 수긍하는 말을 만들기 위해서 머리가 어지럽게 돌았다. 사춘기 아이와 세상만사에 원리원칙주의자인 아내 사이에서 아빠는 중재자이며 협상전문가여야만 했다. 홀시어머니와 며느리 사이에 끼인 외아들의 처신과 다르지 않았다.

"그래, 네가 염색한 것은 예쁘게 보이려고 한 것이지? 엄마는 학생인 네 나이에 어울리지 않고 불량해 보인다는 것이고."
"염색하면 불량해 보여요? 왜, 불량해 보여요?"

아, 할 말이 마땅치 않았다. 염색하면 불량하다는 선입견은 엄마, 아빠 생각이지, 아이는 아니라잖아?

"네 말도 일리가 있다. 염색한다고 해서 꼭 불량한 아이는 아니지. 엄마는 염색하면 그 시간에 멋이나 부리고 딴생각해서 공부가 잘 안된다고 여기나 보다."

이 얼마나 구차한 변명인가? 아이의 반격이 이어졌다.

"참 이해가 안 가요. 머리 염색한다고 공부할 시간이 왜 없어요? 저 충분히 잘할 수 있어요. 걱정하지 마세요!"

아이는 그즈음 성적이 전보다 떨어지긴 했다. 결국 말했다. 아이를 이해시키지 못한다면 걱정이다. 강력한 공격성 멘트를 날리고 말았다.

"딸아, 네가 전교 1등만 해봐라. 세 가지 색깔 아니라 총천연색, 무지개색으로 염색하든, 치마를 더 짧게 자르고 다니든 엄마는 꾸중하지 않고 오히려 칭찬할걸."

아이의 두 눈이 동그래져 토끼가 튀어나오려 했다. 공부만 잘하면 나머지 모든 행위가 허용된다니 이 무슨 망발인가? 결과 지상주의자, 성적 제일주의자 아버지의 어처구니없는 말이었다. 이 얼마나 무지한 결과 위주의 말인가? 성적만이 전부이고, 과정은 어째도 좋으니 일등만 하라는 아빠의 말은 결과 맹신이었다.

아이는 넋을 놓았다. 아마도 절벽을 마주해 나아갈 수 없는 기분이었으리라. 차라리 폭포 위라면 뛰어내려 모험을 해보련만, 이건 막혀서 나아갈 수 없으니 얼마나 답답했을까? 초점 없는 눈으로 먼 곳을 응시하던 아이는 몸을 돌려 자기 방으로 들어가서 나오지 않았다. 이후 부모와 딸아이 사이에는 침묵의 바다가 오랫동안 펼쳐졌다. 폭풍전야? 어느 날 딸아이는 머리를 짧게 자르고, 머리에 대해서는 이후 입을 다물어버렸다.

산업현장에서도 안전에 대해서는 입을 다무는 사업주들이 있다. 생산 효율에 집중하고, 품질과 원가를 위해서는 직원들과 함께 밤을 하얗게 새운다. 안전이나 보건을 위해서는 답답할 정도로 무신경, 무관심이다. 안전사고가 생기는 원초적인 원인은 경영자의 무신경, 무관심, 안일에서 온다. 생산 결과만 우수하면 사소한 안전문제는 눈을 돌린다. '조심하면 되겠지. 설마 사고 나겠어?' 하는 마음이다.

자식을 키우는 엄마는 아이의 고민에는 별 관심이 없다. 그러다 성적이 떨어지면, 아이가 갑자기 어디가 이상해졌는지, 아이 인생이 모두 끝장이라도 난 듯 염려한다. 아이가 말을 배우기 시작한다. 엄마는 아이가 똑똑하다며 기뻐한다. 아이가 재롱잔치에서 귀여움을 떨면 큰 인물이 될 거라고 자기최면에 걸린다. 초등학교에 가서 받아쓰기에서 100점을 받아오니 천재인 줄 안다. 엄마는 칭찬하며 도장을 찍어준다. 아이는 엄마가 무엇을 좋아하는지 알게 되었다. 어느 날 아이가 한 문제를 틀렸다. 이런… 낭패다. 엄마 생각대로 아이는 천재다. 묘수가 떠올랐다. 비 모양의 표시를 동그랗게 고쳐서 가져온다. 엄마는 잘했다며 또 도장을 '콱' 찍어준다.

시험 결과가 나쁘다. 빗줄기가 많아져서 동그라미 그리기로 감당이 되지 않는다. 엄마 몰래 도장을 찍어서 가져간다. 도장을 거꾸로 찍어서 몰래 찍어온 것을 선생님이 알아차린다. 벌을 선다. 이젠 도장 몰래 찍기도 불가능해졌다. 앞자리 아이에게 시험지를 보여달라고 한다. 안 보여주니 앞자리 아이를 손가락으로, 연필로 찌른다. 싸움이 되고 엄마가 학교에 불려갔다. 이미 성적이라는 결과물의 노예가 되어버린 아이를 발견한다. 엄마는 성적에만 관심을 두고, 아이의 공부 과정에 무신경했던 대가를 받는다. 아이가 좀 더 커서 중학생이 되었다. 성적이 떨어지고 사고를 쳤다. 엄마가 학교에 불려갔다. 이미 늦었다. 우리 아이가 말도 일찍 배우고, 초등학교에서는 반장도 하고, 착하고 열심히 하는 아이였다. 나쁜 친구 만나서 이리되었다고 항변한들 소용없다. 이미 '엄마'의 아들이 나쁜 친구가 되어 있다. 이러한 문제를 엄마가 더 늦게 알게 된다면 아이를 소년원에서 보게 될지도 모를 일이다. 과정에 관심 없이 결과만 판단하는 부작용은 시간이 갈수록 피해가 커진다. 과정에서의 문제에 눈을 돌리고 무관심한 대가다.

배를 운전하는 항해사에게 알아서 하라 하고, 선장과 선주는 도착 시간만 챙기는 결과 우선주의는 어떻게 공부해도 1등만 하면 된다는 부모의 생각과 매일반이다. 배가 빨리만 가면 된다고 강요하면, 항해사는 정해진 항로를 무시한다. 배의 능력을 무리하게 끌어올려 전진한다. 한두 번은 무사했다. 항해사는 무리한 항로를 일상으로 다닌다. 언제고 사고는 발생한다. 배는 난파하고 그들의 행복은 파도와 함께 사라진다. 장수처럼 죽음을 등짐처럼 지고 일상을 지낼 수는 없다. 안전사고에 대한 걱정을 노심초사 불안하게 머리에 이고, 기도로 무사안일을 바라서는 평안한 일상을 가질 수 없다. 과정에 신경 쓰지 않고 결과가 어찌 될지 걱정하는 것은 무의미하다.

아이의 머리 염색, 치마 자르기를 이해하지 못한 엄마는 아이가 자라고 나서 무릎 꿇고 울면서 사과했다. 그 이후 아이는 엄마를 사랑하고 존경하며 살고 있다. 하지만 당시에 이해하려고 좀 더 노력했다면,

아이는 더 행복했을 수도 있지 않았을까? 이와는 달리 아쉽게도 안전은 다음이 없다. 안전은 사과도 의미가 없다. 당신 직원이었던 사고자는 불구가 되었고, 당신이 숨쉬는 이 세상에 없다. 그에게서 인생이라는 과정도 사라졌다.

사업주가 안전에 관심을 두기는 어려운 일이 아니다. 회사의 재해율은 얼마인지, 산재보험은 제대로 집행되고 있는지, 다친 경험이 있는 직원은 잘 지내고 있는지를 살펴보면, 직원들은 사업주가 안전에 관심이 있음을 느낀다. 이는 직원들의 안전문화 향상에도 선한 영향을 준다. 안전과 관련된 실무인 안전보건 경영시스템인 ISO45001은 제대로 운영되고 있는지 실무자에게 보고만 받아도 선한 영향력을 만들어줄 수 있다. 여러분은 회사의 대표이고, 직원들을 사랑하기 때문이다.

안전사고가 난 이후에 사고보고서를 잘 쓰고, 노동부에 향후 대책을 잘 써서 보내고 안전체계 구축을 위해 노력해도 늦는다. 직원은 이미 사망했고, 공장은 가동 정지된다. 막대한 사망보험금과 유족 보상금이 나가고, 공장 정지로 매출은 줄어든다. 거래처로부터 신용을 잃게 되어 사업도 불안 요소를 떠안는다. 과정 속 안전에 대한 애정이 여러분을 소 잃고 외양간 고치는 우를 범하지 않는 경영자로 만들어준다. 당신 회사의 영속성을 보장해준다.

안전관리자에게
책임과 권한을 주어라

    사고를 제일 먼저 알려준 친구는 회사 전체의 안전을 담당하는 안전 팀장이었다. 아이러니하게도 사고가 난 장소인 전로를 밀폐공간에 포함하지 않고 빠뜨린 것도 안전팀의 실수였다. 그런가 하면 노동부나 경찰 조사에 적극적으로 대응해 문제해결에 도움을 가장 많이 주는 곳도 안전관리 조직이다. 공장 재가동과 관련해 노동부와 협조하는 일도 안전관리 조직의 몫이다. 안전관리 조직은 노동조합과 산업안전보건위원회를 개최하고, 경영진과의 안전회의도 주관한다. 현장의 안전점검 및 조사기관의 현장 조사 등 안전에 관한 모든 일을 진행, 관리한다. 회사는 공장을 맡은 부서장과 현장 기장을 안전보건 관리감독자로 지정한다. 안전사고 시 이들이 법적인 책임과 업무상 책임을 진다.

    전로 사고가 모두 마무리되고, 사내 감사팀이 사고조사를 다시 했다.

전로 보수작업의 진행을 맡은 생산 부서, 벽돌을 축조하는 업무를 맡았던 로재팀, 아르곤 가스 호스 연결 작업을 수행한 정비팀이 모두 사내 감사와 이미 노동부의 조사, 경찰 조사를 받았다. 검찰이 산업안전보건법 위반과 과실치사 혐의로 기소했고, 법원의 판결로 법적인 절차가 끝났다. 회사 일을 하다가 법을 위반했다. 관공서로부터 처벌을 받았다. 사내 감사는 이중과세, 이중처벌이었다. 회사 업무를 제대로 수행하지 못해 회사의 명예를 떨어뜨렸으며, 회사에 물적 손실을 입혔다는 이유였다. 사내 감사 이후에는 중징계가 내려졌다. 아직도 이런 이중적인 처벌에 대해서는 이해할 수 없다. 안전관리 조직에서는 그 누구도 검찰에 기소되지 않았다. 사내 감사조차도 받지 않았다. 참으로 신기한 일이 아닐 수 없었다. 안전관리자는 사고에 대한 책임이 없다?

생산 목표를 미달하면 생산조직이 책임진다. 기술개발이 늦어지면 기술개발본부가 욕을 먹는다. 품질이 나빠지면 품질조직이 연구소와 생산을 들들 볶아서 개선책을 경영진 앞에서 발표한다. 노사관계가 악화하면 노동조합원을 직원으로 데리고 있는 생산 관련 부서와 인력관리 조직이 불벼락을 맞는다. 환경 민원이 발생하면 환경조직의 직원이 나가서 시민들에게 못매를 맞는다. 그런데 안전관리 조직은 아무런 징계가 없다니 신기했다. 무언가 앞뒤가 맞지 않는 느낌이다. 안전관리 조직만 '시쳇말로 용가리 통뼈인가?' 모든 조사와 징계에서 빠지는 이유가 무엇일까? 심적으로는 책임감을 느끼겠지만, 형식적인 책임은 지워지지 않는다.

안전관리 조직의 구성원들은 늘 푸념한다. 자신들의 권한이 너무 적다. 공장이나 현장에 나가서 안전문제를 지적해도 자신들의 말이 먹히지 않는다고 볼멘소리를 한다. 특히나 안전관리팀의 직원이 현장에 나가서 문제를 지적하면 사외에서 온 외부 직원들은 지시를 받는데, 회사 직원인 조합원들은 들어먹지를 않는다고 불만이었다. 이 문제를 해결하고자 안전관리 조직에 조합원들을 배치했다. 나름 안전 점검원들의 권한이 어느 정도 높아졌다. 안전관리 조직의 수장을 부사장으로 격상하는 조직 확대도 시행했다. 그럼에도 늘 권한은 적고 일은 많다는 이야기가 대세를 이루었다. 권한은 어디서 오는가? 안전관리자도 책임을 다해야 권한도 생기는 것 아닌가?

안전에 종사하는 많은 이들은 '안전관리자가 안전사고에 대한 책임이 없다고 여기지는 않으나 책임을 지워서는 안 된다'라는 논리를 편다. 그들은 말한다. 안전관리자는 안전보건관리책임자, 관리감독자에게 조언하는 역할을 한다. 안전관리자에게 책임을 물으면 누가 그 업무를 맡겠나? 의사도 의료사고를 내면 책임을 묻는다. 법적 책임은 지지 않더라도 환자가 줄어드는 손해를 입는다. 나는 늘 이 부분에서 고개가 갸우뚱한다.

법적으로는 안전관리자를 어떻게 정하고 있나? '산업안전보건법' 제17조(안전관리자)에는 '안전관리자는 사업장에 안전에 관한 기술적인 사항에 관해 사업주 또는 안전보건관리책임자를 보좌하고 관리감독자에게 지도·조언하는 업무를 수행하는 사람(이하 '안전관리자'라 한다)'라고 명시하고 있다.

조언에도 책임은 따른다. 길을 가다가 정자 밑에서 바둑을 두는 어르신 두 분을 만났다. 바둑판을 보니 흑돌의 대마가 곧 죽게 된 형국이다. 흑돌을 쥐고 두는 어르신에게 한 수 훈수를 두었다. 기적처럼 흑 대마가 살아났다. 훈수에 상황이 역전되어 백돌을 쥔 영감님이 지게 생겼다. 백돌을 쥔 영감님이 훈수를 둔 이에게 난리를 친다. 훈수 든 자가 책임을 지라고 주장한다.

"아, 이 사람아, 왜 남의 바둑에 훈수를 두어 다 이긴 바둑을 망치나? 막걸리 한 주전자 내기이니 자네가 막걸리 사게."

이렇듯 훈수를 잘못 두어도 책임을 지는 것이 상식이 아닌가? 그런데 안전에 대한 훈수에는 책임이 없다는 논리는 참으로 별스럽다. 법적으로는 책임이 없더라도 도의적인 책임은 져야 타당하다고 여겨지는 부분이다. 그것이 막걸리 한 주전자가 되든, 귀싸대기 한 대가 되든 책임을 면할 수 없다. 책임이 있어야 거기에서 권리가 나온다.

D제철소의 전로 사고의 바탕에는 사고 장소를 밀폐공간으로 지정하지 않은 것에 안전관리 조직의 책임이 있다. 그럼에도 법에 따라 안전관리자는 지도·조언을 하는 자리라는 이유로 법적인 책임에서 제외되

었다. 안전관리를 잘하기로 유명한 외국기업들은 재해 발생 여부와 관계없이 평상시에 안전관리를 강하게 하는 것으로 알려져 있다. 먼지가 많은 작업장에서 노동자가 마스크를 끼지 않으면 안전관리자가 문책을 받는다. 우리 기업의 경우도 회사 내규에 따라 자신의 책무를 다하지 못한 책임은 물어야 한다.

책임을 묻는다는 것은 처벌만의 의미가 아니다. 정체성을 명확히 하는 동시에 권리 향상을 기대할 수 있다. 아울러 경영자는 그들에게 안전관리를 위한 권한을 강화하는 방안을 제시해주어야 한다. 제품의 품질에 문제가 있을 때는 생산을 멈춘다. 품질에 문제가 보이면 당연히 생산을 중지해야 한다. 품질 불량이 생길 것을 뻔히 알면서 계속 제품을 생산해 회사를 망하게 하는 일이 종종 발생한다. 안전에 문제가 있으면 작업을 중지해야 한다. 안전사고가 날 것이 뻔한데도 계속 작업을 해 사람이 다치는 사건이 얼마나 많은가? 사업주는 안전관리자의 잘못된 조언을 바로잡아야 한다. 책임이 있어야 가능한 일이다. 책임과 권한은 공존한다. 손바닥과 손등 관계여야 한다.

먼 거리를 날아가는 철새들은 'V' 모양을 그리며 날아간다. 맨 앞의 새가 리더다. 리더가 힘들면 다른 새가 제일 앞자리를 교대한다. 리더가 지쳐서 힘들어하면 다른 기러기들이 '끼룩끼룩' 하며 응원한다. 한 마리가 낙오해 지상으로 내려가면, 혼자 두지 않고 다른 몇 마리가 함께 내려와서 돌봐주고 회복하면 함께 날아간다.

안전관리 조직이 이와 같다. 사업주는 안전을 총괄하는 리더다. 안전관리자는 협력자요, 조력자다. 안전관리자는 사업주를 보좌하는 동시에 안전에서 낙오되는 직원들을 지도해야 한다. 사업주나 경영책임자가 안전관리 조직에 책임과 권한을 주어야만 안전관리자가 제대로 된 역할수행을 할 수 있다.

시스템을
부정하지 마세요

　시스템의 부재는 원초적인 문제다. 조직의 정체성을 흔든다. 시스템의 미준수는 관리 소홀이다. 시스템이 갖추어져 있고 운영되고 있는데, 이를 부정하고 자기만의 방식으로 통치하는 리더가 있다. 이런 자들을 '독재자'라고 부른다. 역사는 이런 독재자가 조직을 망치고 자신도 나락으로 빠지는 선례를 무수히 보여주고 있다. 그들은 자신만의 이익을 위해 조직원들과 함께 만들어 운영했던 시스템을 부정한다.

　대한민국 축구 국가대표팀이 아시안컵에서 64년 만의 우승을 노렸지만, 4강에서 탈락하고 말았다. 여러 매스컴에서 화려한 멤버로 최강의 전력을 갖추었음에도 감독의 전술 부재로 탈락했다는 보도를 쏟아내고 있다. 감독이 문제인지는 필자가 전문가가 아니라 논할 거리는 아니다. 한 유튜버의 발언에 주목했다. 감독을 선임할 당시 축구협회의 국가대표 감독 선발시스템이 무시되었다고 한다. 시스템을 무시한 독단적인 선발이 있었을 수도 있다는 이야기다. 만일 이 말이 사실이라면, 대표팀의 성적과는 관계없이 시스템을 부정한 것이다. 조직의 룰(Rule : 규칙)을 무시하고 독단으로 하는 사람이 지도자로 있어서는 안 된다. 독단은 시스템을 부정하는 시작점이다.

최고위층의 시스템 부정은 조직 전체를 병들게 한다. 시스템이 없으면, 만들면 된다. 시스템 운영이 미흡하면, 개선할 수 있다. 하지만 최고 지도자의 시스템 부정은 심각한 문제를 가져온다. 고위층이 시스템을 부정하면 아래에서는 시스템 운영을 소홀히 하고 개선하지 않는다. 그렇게 시스템 부정, 미준수가 만연한다. 자연히 전체 조직이 통제되지 않는다. 역사를 보면, 많은 나라가 건국 초기에 시스템을 구축하고 융성하다가 최고권력자나 그 주변 사람들의 시스템 파괴를 시작으로 서서히 망해갔다.

세계 최고의 안전 제철소라는 호주 블루스콥(Bluescope)을 방문했다. 그들은 고위층부터 철저히 원칙을 준수하고 있었다. 시내 호텔로 우리를 픽업하러 온 친구가 차에 타자마자 안전모와 보안경을 나누어 주었다. 자기네 제철소는 전 지역에서 안전모 착용, 보안경 착용이 의무라고 했다. 사무실 앞에 주차하고 나오자마자, 바로 안전모와 보안경을 착용했다. 약 30m 거리에 있는 사무실로 들어갔다. 점심시간 식당에 갈 때도 안전모와 보안경을 착용했다. 공장 내부는 물론이고 건물 밖으로 나가기만 하면, 모든 직원이 안전모와 보안경을 착용했다. 사장도 안전모와 보안경을 차에 싣고 다닌다고 했다. 점심시간에 본 사장은 안전모와 보안경을 착용하고 식당에 들어왔다. 불편하게 굳이 먼지도 안나고, 안전한 구역에서 근무하는 사무실 직원까지 그럴 필요가 있느냐고 물었다.

"사장이 안 하면, 부사장이 안 하고, 부사장이 안 하면, 그 아랫사람들도 안 하게 된다. 내가 불편해서 안 하면서 밑의 사람에게 하라고 할 수 없다. 만에 하나 보호구를 안 해서 오는 피해를 줄이기 위한 것이다."

점심식사 후 노동자들이 모이는 장면을 봤다. 모이는 시간이 되기 전에 노동자들이 모였다. 강사가 오기도 전에 자기들끼리 먼저 안전에 관해 토론하고 있었다. 우리로서는 상상할 수도 없는 광경이었다. 위에서부터 모범을 보이는 기업 안전문화가 선한 영향력을 미치는 모습이었다. 자신들이 만든 기준과 시스템을 준수하는 솔선수범이다.

안전문화에서도 오블리스 노블리제가 필요하다. 나는 불편해서 안지키면서 아랫사람에게는 지키라고 할 수 없다는 논리는 일리가 있다. 필자도 생산공장을 담당하면서 형식적인 화재진압훈련을 많이 수행했다. 직장 소방대를 편성하고 있었으나 전원 참여는 꿈도 꾸지 못했다. 한두 사람이 모여서 소화기를 들고 포즈를 취하고 사진을 찍었다.

그 사진과 서류를 안전관리팀으로 보냈다. 실제 훈련을 실시하지는 않았다. 그나마도 부서장이 된 이후에는 아랫사람이 알아서 하도록 했다. 안전관리감독자 교육도 바쁘다는 핑계로 밑에 직원을 대신 보낸 적이 많았다. 이 자리를 빌려서 반성한다. 사업주가 안전에 투자해도 효과가 없다고 생각하는 것과 관리자가 안전을 위한 일은 생산 등 주요 업무에서 벗어나는 귀찮은 일이라고 치부하는 행동은 같은 맥락이다. 관리자들 역시 안전시스템에 대한 인식의 향상과 실천이 필요하다.

안전문화는 위에서부터 아래로 전파되어야 한다. 리더가 시스템을 통해 노동자의 안전을 챙기지 않으면, 노동자도 안전에 집중하지 않는다. 노동자는 본능적으로 사업주나 경영책임자가 가장 중요시하는 일을 우선시한다. 그것이 자신의 의무라고 여기며 살아간다. 노동자는 살기 위해서라도 그렇게 할 것이다. 리더가 안전에 집중해야 조직이 살고, 조직원이 살 수 있다. 위험으로부터 우리 몸을 지키기 위해서는 지위고하를 막론하고 누구나 안전수칙을 지켜야 한다. 조직에서 정한 룰을 모두가 지켜야 한다. 룰을 지켰는데도 문제가 있다면, 룰을 개선할 일이다. 한 사람의 일방적인 견해나 판단에 의해서 일시적으로 처리해서는 룰이, 시스템이 무너진다. 조직의 구조가 무너진다. 그곳에는 안전이 없다. 생명이 위험할 뿐이다.

중대재해처벌법을
이용하세요

사업주들은 중대재해처벌법이 생기고 나서 걱정이 많다. 50인 이하의 제조업을 운영하는 사업주일수록 걱정이 더 큰 듯하다. 중대재해 발생 시 실질적인 경영권을 가진 사업주를 처벌한다고 하니 신경이 곤두설 만하다. 중대재해처벌법에 대해 이해가 부족한 탓이다. 처벌보다는 중대재해처벌법의 취지에 대해 조금만 관심을 갖고 들여다보면 그리 크게 걱정할 일은 아니다.

어렸을 때, 새 학기가 되면 '우리 담임 선생님이 누가 될까?' 걱정 아닌 걱정을 했다. 가장 무섭다는 호랑이, 간첩, 소도둑, 휘발유 그런 별명이 붙은 선생님이 우리 반 담임으로 온다는 뉴스가 떠돈다. 부모님이 선생님과 가깝게 지내는 아이들 입에서 나오거나 가공된 소문들이었다. 다른 아이들은 고급 정보(?)에 놀라 토끼 눈이 되어 동공을 굴린다.

새 학기 직전 마지막 조회가 시작되고 반 편성이 끝나면 각 반의 담임이 발표된다. 순간 운동장에는 환호와 탄식이 엇갈려 나온다.

초등학교 6학년이 되던 해 우리 반은 정말 제대로 걸려들었다. 무시무시하다고 소문난 선생님이 우리 반 담임으로 발표되었다. 별명이 호랑이, 도깨비를 합친 '호깨비' 선생님이었다. '호깨비' 선생에게 비 오는 날 먼지 나도록 엄청나게 맞은 선배가 별명을 지었다는 전설이 내려오고 있었다.

'호깨비'의 벌주는 방식 중 하나는 남자, 여자아이 구분 없이 강당에 집합하라고 한다. 강당의 마룻바닥 아래에는 커다란 대못들이 삐져 나와 있다. 그 안으로 '들어가, 나와'를 시킨단다. 머리가 터져 피가 나는 아이들도 있었다고 선배들이 증언했다. 입에서 입으로 소문이 번져갔다. 누가 반장을 할지 그 친구는 재수가 옴 붙게 생겼다고 떠들었다. 다른 반은 서로 반장을 하려고 눈치코치 작전을 피는데, 우리 반은 반대로 서로 하지 않으려는 침묵의 전쟁을 벌였다. 아무도 손을 들지 않았고, 누구도 추천하지 않았다. 누군가를 추천하는 순간, 둘 사이는 돌아오지 않는 다리를 건너게 된다.

'호깨비'의 선택은 성적순이었다. 내게 팔자에 없는 반장이 되는 참사가 일어났다. 6개월간의 반장 노릇은 살얼음판이었다. 반장으로의 리더십이 있었는지, 아이들이 잘 따라온 덕분인지 별 탈 없이 평온히 지나갔다. 다른 반 아이들도 우리 반이 단체로 벌을 서지 않는 것을 신기해했다. '호깨비'가 무섭다는 소문에 지레 겁먹은 아이들 모두 모범생이 되었다. 매일매일, 순간순간 최선을 다하는 모습이 신기할 정도였다. '호깨비'의 강한 체벌의 의미를 아이들은 몸으로, 머리로 이해하고 있었다.

때로는 강한 위협이나 법이 선한 영향력을 미치는 법이다. 법은 범죄처벌이 목적이 아니라 예방을 위한 규칙이다. '호깨비'가 집안일로 3개월 휴직했다. '호깨비'의 휴직은 우리 반 아이들을 해방시켰다. 언제 그랬냐는 듯이 교실은 난장판이요, 말썽꾸러기 아이들은 본래의 모습을 드러냈다. 임시담임인 교생은 아이들을 통제하지 못했다. 교생은 '호깨비'에게 이른다고 아이들을 협박했다. '법은 멀고 주먹은 가깝다'라고 했던가? '호깨비'가 학교에 나올 수 없음을 아는 아이들은 아랑곳하지 않았다. 그런데 어느 날 느닷없이 '호깨비'가 나타났다. 몇 가지 규칙을 선포했다. 규칙을 지키지 않을 시 응분의 대가를 치를 것이라고 엄포했다. 그 후로는 임시담임인 교생은 아이들의 규칙 준수 여부만 확인했다. 아이들은 '호깨비'의 엄한 규칙에 힘입어 다시 모범반이 되었다. '호깨비'는 멀리 있었지만, 체벌은 두려웠다. 강한 통치가 아이들을 얌전하게 했다.

산업안전보건법이 있었으나 지금까지 중대재해 시 법적 처벌은 미약했다. 주로 법인(회사)이 벌금형을 받거나 안전관리 책임자에게 집행유예형이 내려졌다. 경각심을 주기에는 부족한 감이 없지 않다. 중대재해처벌법은 처벌 수위를 높이자는 것이 아니라 노동자를 채용해 일을 시켜 돈을 벌고자 하는 이들에게 노동자의 생명을 소중히 여기도록 하자는 취지다. 사업주는 알맞은 안전조치를 하면 된다.

도로의 단속 카메라, 특히 고속도로의 과속 단속 카메라가 늘어나면서 과속하는 차량이 많이 줄었다. 카메라는 과속 차량을 찍어 벌금을 많이 걷기 위한 것이 아니다. 운전자의 과속하려는 마음을 눌러 주는 것이다. 처벌만이 능사가 아니다. 범법하지 않도록 감시하는 시스템이다. 중대재해처벌법이 그런 역할을 해주리라 믿는다. 이미 중대재해처벌법 시행을 경험한 대기업에서는 실제 안전에 대한 많은 변화가 일어나고 있다. 안전담당 직원의 수도 늘리고 있다. CSO(Chief Safety Officer, 최고안전책임자)를 두어 안전업무를 전담하도록 하고 있다. 안전관리를 강화하는 등 많은 변화를 체감하게 한다. 물론 안전에 관한 결과는 하루아침에 눈에 띌 만큼 효과가 바로 나타나기는 어렵다. 기업들의 많은 노력으로 회사의 전 직원들이 안전에 대한 중요성을 알게 되고, 헛구호에 지나지 않던 안전시스템이 기능을 발휘하기 시작했다. 대기업의 안전시스템을 중소기업에 확대 전개할 필요도 있다. 중소기업 사업주들은 '안전전문가를 구할 수 없다, 안전을 위해 사용할 자금이 부족하다'라고 한다. 사고 시 법 위반으로 인한 처벌을 지나치게 두려워한다.

"윤석열 정부 중대재해처벌법 '공포마케팅' 두 가지 구멍(《한겨레》, 2024년)"이라는 기사에서 '○○대 안전공학과 교수는 '안전관리자의 자격 요건이 엄격하지 않고, 대개 자신의 원래 업무를 하면서 안전업무를 겸임하는 형태'라고 설명했다. 안전전문가의 부족이 중대재해처벌법 시행에 큰 문제가 되지는 않는다. 신문기사는 '영세사업자에게 대기업 수준의 안전 체계를 요구하지도 않는다'라고 주장했다.

한편 정부와 관련 기관에서는 중대재해처벌법 시행에 맞추어 많은 지원사업을 하고 있다. 안전을 위한 자금에 있어서는 굳이 중소기업이 직접 돈을 들이지 않더라도 정부나 산업안전보건공단 등 관련 기관에서 시행하는 안전보건 관리체계 구축,[32] 대·중·소 상생 안전 컨설팅[33] 등 지원을 받을 수 있다. 대기업의 지원을 받는 것도 유효한 방법이 될 수 있다. 사업주들은 중대재해처벌법에 대해 대기업의 실천에서 배우고, 자신의 회사에 적용할 것은 없는지 살펴봄이 마땅하다. 대기업과의 협력은 안전업무 향상 및 중대재해처벌법에 대한 대응에 매우 효과적인 방법이다.

우리 기업은 대기업과 중소기업이 협력해 품질 향상과 원가 절감을 이룩한 성과를 가지고 있다. 대기업은 기술력을 확보하고, 기술이 녹아있는 레시피를 납품업체에 공급한다. 납품업체가 제대로 된 제품을 만드는지 공정실사[34]를 실시하고 기술 협력을 시행했다. 이런 방식의 협력을 통해 생산성 향상, 품질 향상, 원가 절감을 공동으로 달성해왔다.

---

32) 안전보건 관리체계 구축 : 2023년부터 산업안전보건공단 주관으로 안전대행기관 등에서 컨설팅을 시행한다. 30인 이하 사업장은 사업주의 금전적 부담이 없으며 정부가 전액 지원한다.

33) 대·중·소 상생 안전 컨설팅 : 정부와 모기업이 각각 50%씩 지원해 중소기업 안전컨설팅 지원.

34) 공정실사 : 제품을 생산하는 공정의 문제점을 진단하는 현장 조사(저자 주)

우리 기업인들의 경험과 노력이라면 안전에서도 충분히 공동의 목표를 달성할 수 있으리라 믿는다. 안전분야에서도 대기업과 중소기업이 함께하는 상생이 가능하다.

안전을 최고의 가치로 존중하는 회사가 있다. 쉘(Shell)[35]이라는 회사는 안전사고가 많이 발생하는 회사와는 거래하지 않는다고 한다. 쉘의 총수가 승용차로 서울 시내를 이동 중에 차가 심하게 막혔다. 고객과의 약속시간 내에 도착이 어려워져 지하철로 바꾸어 이동하기로 했다. 시간이 늦어 걱정된 지사장은 지하철역 계단을 뛰어 내려가서 표를 사 왔다. 그 순간 쉘 회장이 말했다.

"유 아 파이어(You are fire. : 당신 해고야). 우리는 안전을 지키지 않는 사람과는 함께 일하지 않습니다."

이렇듯 관련사의 안전과 직원의 안전의식까지 총수가 직접 챙기는 자세가 필요하다. 우리에게도 사고의 전환이 필요하다. 대기업이 품질 확보를 위한 공정실사를 통해 납품업체와 협력하듯이 안전실사를 통해 함께 협력한다면, 안전전문가 부족 등 중소기업의 안전문제를 해결할 수 있다. 중소기업은 중대재해처벌법으로 인한 부작용만 고민할 일이 아니다. 안전에 대한 관심, 정부나 관련기관으로부터의 지원, 대기업과의 협력 등을 통해 안전문제를 해결하려는 사업주의 의지가 중대

---

35) 쉘(Shell) : 안전을 최우선 기업문화로 하는 다국적 에너지 기업.

재해처벌법이라는 눈앞에 닥친 파고를 넘는 계기가 될 수 있다. 사업주는 중대재해처벌법과 같은 강한 규제를 인지하는 동시에 이를 계기로 정부의 지원, 대기업의 협조를 통해 사업장의 안전관리 수준을 높일 수 있도록 해야 한다. 기업가들이 과거 50여 년 경제 발전에 기여한 노력과 의지라면 안전은 곧 틀이 잡히리라 단언한다.

안전에 투자하세요

1991년 연구소로 입사한 얼마 후, 기술개발부로 소속이 변경되었다. 기술개발부는 세 가지 일을 했다. 신설공장 건설 검토, 외국으로부터 설비 도입 타당성 검토 및 국내 주요 설비 투자 타당성 검토였다. 아무런 경험도 능력도 없는 내가 투자 예산을 담당하는 업무를 맡았다.

회사의 각 공장에서 설비 도입을 검토해오면 자료를 확인하고 타당성을 검토했다. 검토래야 사전 책정된 예산안에서 집행하는지, 계획한 일정 안에서 진행하고 있는지, 투자를 수행한 후에 효과는 제대로 나오고 있는지를 확인하는 일이었다. 그러다 보니 자연히 기술적인 부분보다는 돈에 관한 부분에 대해 깊숙이 알게 되었다. 공장별로 얼마의 돈을 쓰고, 효과는 얼마나 나타나는지를 분석했다. 이를 담당 임원을 거쳐 경영책임자에게 보고할 자료를 작성했다. 자연스럽게 '아! 회사라는 조직은 돈을 벌기 위해서 존재하는구나. 확실하게 돈이 될 가능성이 있는 곳에만 돈을 쓰네'라는 흐름을 터득했다. 그것이 투자였다.

설비 투자 검토서에는 반드시 포함되어야 할 몇 가지 필수항목이 있다.

1. 투자의 명확한 목적이 있어야 한다.
2. 현 설비의 문제점 및 현황에 대해 설명해야 한다.
3. 설비의 부품별·부분별 예산이 명확해야 한다.
4. 2개 이상의 제작사로부터 견적을 받아 장단점을 비교해야 한다.
5. 도입하고자 하는 설비의 운영 방안을 수립해야 한다.
6. 도입하는 설비의 구매, 설치, 정상화까지의 일정을 세워야 한다.
7. 예상 효과를 계산해 투자(비) 회수기간을 명기해야 한다.

투자 효과 검토에는 생산성 증가, 품질 향상, 원가 절감의 세 가지 효과만 인정된다. 작업 환경 개선, 작업부하 경감 등 수치로 계산되지 않는 정성적인 부분은 투자 효과 계산에 포함되지 않는다. 수치로 계산되는 정량적인 효과가 없는 투자의 경우, 기술개발부의 승인을 받기 어렵다. 당연히 경영책임자도 이익에 도움이 되지 않는 곳에 들어가는 돈을 반길 리가 없다. 투자는 '돈 놓고 돈 먹기'다.

공장에 꼭 필요한 환경개선이나 안전을 위한 설비는 생산성이나 원가에 도움이 된다고 억지로 숫자를 만들어내다시피 했다. 혹은 생산성 향상이 명확해 보이는 설비에 끼워서 환경, 안전 투자를 실시했다. 그래도 안 될 경우는 경영책임자에게 별도로 그 필요성을 보고해서 시행했다. 투자의 당위성에 대한 부가적인 설명이다.

돈이 투자를 생산, 품질, 원가 위주로 흐르게 내몬다. 환경이나 안전에 대한 투자는 매출이나 이익으로 직결되지 않는다. 안전에 들어가는 돈은 투자가 아니라 안 써도 되는 비용이라고 여긴다. 연간 투자 금액은 한정되어 있다. 연간 투자 계획 수립 시 환경이나 안전은 항목 자체가 제외되기 일쑤다. 항목에 포함되어도 자꾸 후순위로 밀린다. 그러다가 불황이라도 닥쳐서 비상경영 체제가 되면 예산절감 지시가 내려온다. 환경예산, 안전예산이 제일 먼저 칼을 맞는다. 가정 형편이 나빠지면 용돈을 줄이고, 보험을 해약하고, 교육비를 줄이는 형국과 같다. 당장 눈에 드러나지 않는 부분부터 '뎅강' 목이 잘려나간다. 고위층의 결단이나 노동조합의 강력한 요구 혹은 사고 위험성이 겉으로 드러난 항목을 빼고는 어지간하면 돈 들이지 않고 그냥 넘기려는 경향이 크다. 안전이나 환경은 돈이 되는 투자가 아니다.

이를 방지하고 안전에 대한 설비나 시스템 보완을 위한 투자를 늘리기 위해서는 사고의 전환이 필요하다. 안전에 대한 투자를 설비 투자 계산방법과 같은 방식으로 바꾸어야 한다. 작업 환경 개선으로 안전사고 방지, 작업부하 경감으로 안전사고 예방 등의 정성적 표현이 아니라 안전으로 인한 효과를 돈으로 계산하는 툴을 적용할 수 있다. 안전설비를 생산성 향상, 품질 개선, 원가 절감과 연결해야 한다. 기회손실비용을 투자 효과로 계산할 수 있다. 안전을 투자의 한 축으로 봐야 한다.

1. 중대재해가 날 위험 요소를 발견한다.
2. 해당 설비의 안전상 문제점 및 현황을 검토한다.
3. 설비개선 방안을 수립해 설비 투자와 같은 프로세스를 거친다.
4. 투자 효과 산정 시 중대재해 예방으로 손실나지 않는 기회손실비용을 반영한다.

설비 투자 시 계산에 포함하는 생산성 등에 의한 이익금 방식의 계산이 유효하다. 기회손실 비용에 중대재해 시의 공장 가동 정지로 인한 손실 금액, 산재보상 금액, 추가로 투입되는 인건비 등을 포함해 계산하면 될 것이다. 경영책임자는 안전에 대한 투자를 별도로 관리해야 한다. 미래 기회손실을 방지하는 안전한 경영을 할 수 있다. 미래에 뜻하지 않게 뭉칫돈이 없어지는 것을 막을 수 있다. 이제는 생명도 구하고 돈의 손실도 막는 안전 투자를 할 때다.

안전은 돈도 되고
잡혀가지도 않아야…

　지난 설이었다. 작은 건설업을 하는 친척에게 인사를 갔다. 매형은 다리 수술을 한 후라 차례는커녕 좋아하는 술도 못 먹고 있었다. 오랜 노동으로 다리가 휘어서 뼈를 깎아내고 덧대어 바로 펴는 수술을 했단다. 직원이 5명인 작은 회사여서 매형도 노동자와 마찬가지로 늘 힘든 일에 자기 몸을 가혹하게 쓴 탓이다. 작은 회사지만 늘 직원들 월급 챙기랴, 일용직들 임금 챙겨주랴, 집에 살림 보태랴 얼마나 힘들까? 마음이 짠했다. 이야기 끝에 중대재해처벌법 이야기가 나왔다. 매형이 한마디로 잘라 말했다.

　"걔네 미친 거 아냐? 도대체 일을 어찌하라는 거야."

　매형 입장에서는 한숨이 나는 상황이라고 했다. 안 그래도 이제 나이

들어서 눈도 안 보이는데, 직원들을 내보내면 서류 업무를 할 사람이 없단다. 직원들을 줄여 중대재해처벌법 대상 기업에서 벗어나려는 의도다. 5인 이하 영세 사업장은 중대재해처벌법 대상에서 제외된다.

민영 산재보험에 대해서 아느냐고 물었다. 그게 뭐냐는 눈빛이 내 얼굴로 향했다. 대부분의 사업주들이 산재보험에 대해서는 잘 알고 있다. 그러나 민영 산재보험에 대해서는 관심도 없고, 알지도 못한다. 대기업들은 과거 노동조합의 요구로 복지 차원에서 민영 산재보험을 가입했다. 이는 중대재해 발생 시에 유족에게 보상금을 주는 데 유용하다. 중대재해 발생 시 유족들은 자신의 핏줄이 일하다가 죽었다는 사실을 받아들이기 쉽지 않다. 유족들이 원하는 것은 내 남편이, 내 자식이 어떻게 죽었는지, 왜 죽을 수밖에 없었는지를 알고 싶어 한다. 그리고 같은 사고가 다시 벌어지지 않기를 바란다. 그러면서 동시에 그에 대한 보상을 요구한다. 산재보험금만으로는 충분하지 않다. 유족은 대부분 그 이상을 원한다. 그럴 때 유용한 것이 민영 산재보험이다. 상황이 발생하지 않으면 기업운용자금으로도 활용할 수 있다. 근무 중이 아닌 때에 발생한 사고에 대해서도 보상한다. 직원의 위로금으로도 사용할 수 있다. 동시에 기업의 법인세 절감에도 유용하다. 중대재해처벌에 대한 대응 및 돈에 대한 대비도 가능하다.

중대재해 발생 시 기업주의 과실 여부를 증명하기란 쉽지 않다. 그럼에도 불구하고 중대재해처벌법은 사망자 발생 시 산재를 방지하기 위한 법적 의무를 다하지 않은 사업주에게 최대 1년 이상의 징역 또는 10억 원 이하의 벌금에 처하도록 하고 있다.

재판 과정에서 유족과의 원만한 합의는 양형에서 매우 중요한 변수가 된다. 그러기 위해서는 결국 돈이 필요하다. 안전사고 방지를 위한 조치가 선행되어야 한다. 아울러 만일의 경우를 대비한 보험이 사업주의 회사 경영권을 지키고, 자신을 방어하는 방법이 된다.

안전보건관리 체계구축, 대·중·소 상생 협력지원 사업 등을 통해 회삿돈을 안 들이고 안전전문가 육성, 안전교육 등 법적 의무를 위한 안전조치를 할 수 있다. '돈이 없고 안전전문가가 없어서 중대재해처벌법 대응이 어렵다'라고 단정하지 말기를 바란다. 관심을 가지고 자세히 알아보면 돈을 아낄 수 있다. 안전을 확보할 수 있다.

그럴 리야 없겠지만, 돈은 유한하고 노동자는 무한하다고 생각하는가? 인도 여행길에 겪은 에피소드다. 타지마할, 수많은 사람이 북적였다. 기념품을 파는 사람이 따라오면서 물건을 사라고 권했다. "네가 오면 아까 네 자리는 어떻게 하냐?"라고 물었다. 걱정하지 말란다. 다른 사람이 그 자리에서 장사한단다. 사람이 많으니 할 수 있는 말이다. 설마 한 사람이 다치면 다른 사람을 불러서 일을 시키면 된다고 원시적인 생각을 하는 사업주는 없으리라 믿는다. 누군가 다치면 작업량을 채우기 위해서는 대근해야 한다. 이것도 산재사고로 인한 추가 지출 비용이다. 사고당한 사람의 복귀가 늦어지면 신규인원으로 대체해야 한다. 역시 돈이다. 미숙련공은 생산성이 떨어진다. 생산은 미달하면 미달한 만

큰 돈이 없어진다. 생산을 안 하거나 노동자를 로봇으로 대체하지 않는한, 사업주는 노동자가 필요하다. 노동자는 안전하고 사업주는 회사를지키고, 경영을 할 수 있어야 한다.

사고가 마무리된 후에 생산을 초과 달성하더라도 기회가 손실된 것은 채워지지 않는다. 흔히들 생산은 미달되어도 다음에 채우면 된다고말한다. 물론 목표는 채우겠지만, 안전사고로 발생한 공장 정지로 기회손실은 이미 발생했다. 산재사고 발생으로 인한 사업주의 피해는 막대하다. 법적 의무조치, 안전에 대한 투자 및 만일의 사태를 대비한 방어벽 구축 등의 안전활동이 돈을 버는 것이다. 동시에 회사에서 사무실에서 계속 경영을 할 수 있다, 옥중에서가 아니라.

안전은 돈이어야 한다

　사망사고가 발생했을 때 감옥에 들어간다고 해서 사업주가 무서워서 안전에 신경 쓸까? 그 이전에 안전이 자신 소유의 회사경영권과 돈과 직결된다는 것을 인식하도록 해야 한다. 사업주들의 안전에 대한 인식에도 선한 영향력을 만들어낸다. 사업주는 직원에게 일자리를 주려고 사업하는 것이 아니다. 돈을 벌려고 회사를 운영한다. 사람이 사망하는 중대재해 발생 시 작업 중지로 인한 생산 손실 이상의 금전적 손실이 가해지도록 해야 안전한 경영에 전력을 다하리라 여겨진다. 각 사업장의 안전사고는 우리나라 산업 경쟁력을 저해하고 있다. 내 사업장만 사고가 없으면 된다는 생각에서 벗어나야 한다.

　《로마인 이야기》에서 작가 시오노 나나미(塩野七生)는 국가의 첫 번째 의무는 국민의 먹거리, 두 번째는 안전이라고 했다. 인간은 배부른 것에 더해 안전해야만 행복을 느낄 수 있다. 덧붙여 복지가 이루어지면 행복의 조건이 갖추어지는 것이다.

　대한민국은 세계 10위권의 경제 대국이 되었다. 국민소득도 3만 불을 넘어 선진국이 되어 모든 개발도상국의 부러움을 받고 있다. 그런데 사고로 사람이 사망하는 '중대재해'는 반복되고 있는 것이 우리 산업계의 현실이다. 경제 수준을 훨씬 웃도는 중대재해 규모를 나타내고 있다. 2021년 연간 산재사고 사망자가 828명으로, OECD 38개국 중 34위로 영국의 1970년대, 독일·일본의 1990년대 수준을 보이고 있다. 정부는 산업재해로 발생하는 사망자를 줄이기 위해 2021년 1월부터 '중대재해처벌법'을 시행했다. 이에 더해 2022년 11월 중대재해 감축 로드맵을 발표했다.

　그런데 최근 보도로는 50인 미만 기업의 '중대재해처벌법' 적용을 2년 유예[36]한다고 한다. 첫 번째 이유는 50인 이하 사업장들이 아직 안전에 대처할 인력, 체계 등이 부족하다는 것이다. 예산·교육·인력 등 각 부분의 지원을 확대한 후에 시행하겠다는 취지다. 두 번째 이유는 최근 경기 침체로 인해 중소기업의 경제적 부담이 커질 것이라는 우려다. '첫째가 먹고사는 문제, 둘째는 안전'이라는 말처럼 먹고사는 문제가 우선일 수 있으니 조금은 고개가 끄덕여지려고 하긴 했다. 하지만 '2년을 유예한다고 무엇이 달라질까? 2년 사이에 사업주들의 안전에 대한 인식이 바뀔까?' 하는 의구심이 들었다. 기업주의 안전에 대한 인

---

36) 2024년 2월 기준 50인 이하 사업장도 중대재해처벌법 대상이다.

식은 전체 노동자의 안전의식에도 영향을 끼친다.

2022년 제빵회사의 빵 만드는 기계에서 두 건의 중대재해가 발생했다. 두 번이나 연속해서 유사한 사고가 발생한 것으로 미루어 안전에 대한 인식과 대책이 거의 없었다고 할 수 있다. 해당 회사의 경영진 혹은 사업주는 사람이 죽은 원인을 알고 있을까? 설마, 이렇게 생각하고 있지는 않겠지? '밀가루 반죽하고 빵, 과자 굽는 데 사람이 왜 죽나? 라떼(?)는 팔이 아프도록 종일 반죽하고, 아프다 소리도 못 하고 파스 붙이고 잤어. 그래도 일할 때는 정신 바짝 차리고 일했지. 정신 차리고 일해봐. 왜 다치나? 정신력이 문제야'라고.

각 제조업체의 경험이 많은 사업주들은 대부분 젊은 시절 본인이 엄청나게 고생해서 지금의 기업을 이루었다. 스스로 아주 낮은 곳에서 올라온 자수성가형의 사업주들이 대부분이다. 그들은 몸을 사리지 않고 공장을 건설했고, 기계를 들여다가 머리를 쥐어뜯으며 기술을 개발해 제품을 생산했다.

다음 단계는 제품의 품질이었다. 처음에는 경쟁자들보다 싸게 팔아 시장에 진입했다. 제값을 받기 위해서는 품질이 경쟁사에 버금가거나 그 이상이어야 했다. 허구한 날 밤을 새워가며 제품을 뜯고 살펴 품질을 향상시켰다. 질 좋은 상품을 팔아서 회사는 생존할 수 있었고, 자금이 순환되어 경영할 수 있었다.

다음으로 그들에게 중요한 것은 무엇이었을까? 원가 절감이다. 경쟁 사보다 좋은 제품을 이익을 내고 팔아야 회사의 영속성과 직원의 급여, 주주의 이익을 지속해서 올려줄 수 있다. 신제품을 개발해서 회사를 성장시킬 수 있었다. 여기까지가 경제 개발기의 대한민국 제조업체의 성장 과정이다. 사업장의 경쟁력이 사업주의 손에 달려 있었다. 존경받을 만한 업적이다.

시대는 변하고 그들이 헤쳐나가야 할 또 다른 이슈가 등장했다. 이번에도 그들은 다시 한번 극복해냈다. 자신들이 피땀 흘려 이루어놓은 회사의 경영권을 지키고, 돈을 계속 벌기 위해 모든 어려운 문제들을 이겨냈다. 돈을 벌기 위해 사업을 시작했고, 사업을 영위하기 위해 일생을 바쳐 이루어놓은 그들의 기업이었기 때문이다.

1980년대 후반부터 노동조합 활동이 왕성해졌다. 가족이라고 생각했던 직원들이 머리띠를 두르고 깃발을 쳐들면서 구호를 외쳤다. 사업주들은 마음이 내키지 않았지만, 그들의 요구에 응할 수밖에 없었다. 생산, 품질 원가에 더해서 돈을 벌기 위해 해결해야 할 이슈가 하나 더 등장한 것이었다. 자신이 피땀 흘려 세운 회사를 계속 경영하기 위해서는 그들과 대화하는 것 외에는 방법이 없었다. 처음에는 억지춘향이 마음으로 받아들일 수밖에 없었다. 시간이 지나면서 노사관계도 틀이 잡혔다.

1990년 후반에는 환경문제가 대두되었다. 이는 법적인 문제이므로 대응하지 않을 수 없었다. 또다시 돈을 벌기 위해서 해결해야 할 일이 생긴 것이다. 환경문제에 대응하려면 설비 투자비가 많이 들어갔다. 초창기에는 돈을 들이지 않고 해결하려 애를 썼다. 과태료를 내는 것을 피하려고 법인의 사업주를 변경하는 등 각종 편법을 쓰기도 했다. 정부, 지자체, 기업 그리고 환경단체들이 합심해서 노력해 어느 정도 결실이 드러났다. 생산, 품질, 원가, 노사, 환경 등 각종 문제를 해결해 회사의 영속성, 직원의 고용, 주주의 이익을 확보해온 주체가 지금의 사업주들이다.

이제 다음 문제는 '안전'이다. 안전이 회사의 영속성, 직원의 고용, 주주의 이익에 관여하게 되었다. 안전이 회사경영을 위한 돈과 직결된다는 것을 인식해야만 안전관리에 변화가 생길 것이다.

D제철은 2013년 질식사고로 5명의 작업자가 숨졌다. 공장이 43일 가동 정지해 약 3,000억 원의 매출 손실을 입었다. 그 이후로 경영진의 안전에 대한 인식이 향상되었다. 그 덕분인지 재해율이 절반으로 줄었다. 하지만 아쉽게도 크고 작은 안전사고는 완전히 사라지지 않고 있다. 생산 감소는 시간이 가면 회복되는 유연성을 갖고 있다. 공장 정지에 의한 생산 감소만으로는 사업주들에게 확실한 안전의식을 갖도록 하는 데 한계가 있어 보인다.

이렇게 생각하는 사업주들은 없을까?

'설마 우리 회사에서 중대재해가 나겠어? 설마 내가 잘못한 것도 아

닌데 나를 구속까지야 하겠어? 집행유예 정도겠지?'

'직원이 잘못해서 낸 사고를 나더러 책임지라니 말도 안 돼. 그러면 이 나라에서 누가 사업하겠어? 사업 접어야지, 아니면 외국으로 이전해야지.'

자신은 뒤에 숨어서 경영권을 장악하고, 앞에는 '바지사장'을 내세워 중대재해 발생 시 처벌을 피하려고 하는 기업주는 없을까?

영국, 호주, 뉴질랜드에서는 중대재해가 발생한 관련 사업으로 벌어들인 돈, 발생한 이익 등을 고려해 거기에 상응하는 벌금을 내도록 하는 양형을 시행한다고 한다. 그리한다면 기업주의 안전에 대한 인식이 달라질 것이라는 기대는 먼 나라 이야기일까?

안전한 회사 체크리스트

　5점 만점으로 기록해 합계 70점 이상이면 당신은 안전을 중요시하는 경영책임자다.

번호	항목	점수(5점 만점)
1	나는 주기적인 안전순찰을 하고 있다.	
2	나는 노동자들과 안전에 대해 주기적으로 이야기한다.	
3	나는 안전활동 실적에 대해 주기적인 보고를 받고 있다.	
4	나는 안전관리자가 교육을 받는지 확인한다.	
5	나는 산재보험 외에 민영 산재보험을 들고 있다.	
6	나는 산업안전보건법을 읽어본 적이 있다.	
7	나는 중대재해처벌법의 취지에 대해 알고 있다.	
8	나는 현장에서 노동자로부터 안전 건의를 받은 적이 있다.	
9	나는 안전컨설팅을 받은 적이 있다.	
10	나는 재해자에 대한 병문안, 상담을 하고 있다.	
11	나는 안전보건관리체계 구축에 대해 알고 있다.	
12	나는 위험성 평가가 중요함을 알고 있다.	
13	나는 우리 회사 안전관리 관련 기관 전화번호가 있다.	
14	나는 동종업체의 안전사고 사례를 알고 있다.	
15	나는 안전 관련 정보를 받는 채널을 갖고 있다.	
16	나는 안전을 위해서는 돈이 들어야 한다고 생각한다.	
17	나는 노동자들에게 안전교육을 직접 하기도 한다.	
18	나는 안전과 생산은 병립할 수 있다고 생각한다.	
19	나는 안전사고로 회사 경영이 어려워질 수도 있다고 여긴다.	
20	나는 안전은 사업주가 먼저 나서야 한다고 생각한다.	
계		

4장

시민은 안전한 삶

사랑하는 우리 딸에게

사랑하는 우리 딸 보아라. 오랜만에 우리 딸에게 편지를 쓴다.

"아빠, 사랑해요. 오늘도 즐거운 하루."
"즐거운 하루. 사랑한다. 우리 딸."

요즈음 아침마다 전화로 우리 딸과 인사를 나누어서 참 좋다. 그때도 너에게 매일 아침 인사를 해주었다면 우리 딸이 좀 더 따뜻하고 즐겁게 10대 시절을 보냈을 텐데….

아빠 회사에서 사고가 나던 그해, 우리 딸과 아빠는 비장한 각오로 새해를 시작했지. 딸은 수험생, 아빠는 회사에서 가장 큰 공장의 부서장이 되었어. 한 해에 검정고시와 대학시험을 치러야 하는 우리 딸, 400명의 직원이 근무하는 곳의 수장이 된 아빠, 두 사람의 남다른 각오는 서로 견줄 만했다.

우리 사랑하는 딸은 1년의 방황을 끝내고, 새해를 맞이해 기특하게도 검정고시 공부를 시작하기로 했어. 딸의 공부에 대한 의지에 힘을 보태고자 엄마, 아빠는 있는 돈, 없는 돈을 긁어모아서 강남의 학원가로 이사했지. 학교를 그만두고 약 6개월 동안 우리 딸은 매일 홍대, 이대 거리의 상인들과 인사를 나누어가며 놀았어. 그러던 우리 딸이 하루 18시간을 공부에 매달리는 모습을 보고 아빠는 놀라서 자빠지는 줄 알았지. 네 엄마는 "쟤가 우리 핏줄을 증명하려는지 공부를 제대로 시작했네"라며 흐뭇해했단다. 아빠는 주말이면 집에 와서 가족과 함께 외식했고, 우리 딸의 모습을 보는 소소한 행복을 느꼈다.

아빠는 최고의 실력을 갖춘 자가 맡는다는 공장 부서장이 되어 의기양양, 전도유망 착각 속에 신나 있었어. 별 탈 없이 이대로만 가면 임원되는 것은 '맡아놓은 떡'이다 싶었지. 월요일부터 토요일까지는 낮에는 열 일, 밤에는 술, 그리고 주말에는 우리 딸을 만나는 즐거운 시간이 이어지고 있었어. 즐거운 시간이 영원할 것 같았지만 시간은 흘렀다. 또 다른 시간이 아빠를 기다리고 있었지.

따스한 봄, 장미가 화려함을 뻐기는 잔인한 5월이었어. 그날 밤 아빠에게 날아온 사고 소식은 받아들이기 어려운 충격이었지. 품어왔던 모든 꿈이 한순간에 날아갔다. 아픈 줄 모르고 죽어가는 사람에게나 올

법한 거대한 울림이었지. 몸속 깊은 곳에서 답답함과 두려움이 겹쳐서 올라왔어. 법적인 처벌은 피할 수 있을지, 회사에서의 앞날은 어찌 될지, 어떻게 헤쳐나가야 할지 갈피를 잡을 수 없었다. 서울에 있는 네 엄마와 수험생인 우리 딸이 들어올 자리는 머릿속 어디에도 없었어. 아빠의 시간이 안전사고 안에 정지했지. 그 시간 안에 아빠의 머리와 몸이 있었다.

주말에만 들렀던 아파트의 구조조차 머릿속에 남아 있지 않았어. 집에 가도 회사 걱정 외에는 눈에 들어오지 않았다. 가족이 함께 식사할 여유는 없었어. 이야기 한번 제대로 나누지 못했지. 엄마의 수심이 가득한 표정은 '회사에 미친 내 남편이 이제는 어찌 살아갈꼬'라고 말하고 있었어. 엄마는 혹여라도 사고의 여파로 아빠가 어찌 될까 두려워서 입 밖으로는 말도 내지 못했다고 훗날 회고했단다. 미련한 아빠는 사고 여파로 멈추어 선 공장을 돌리는 일에만 온 신경을 썼어. 우리 딸을 챙기지 못했지. 이제야 우리 딸에게 미안하다는 말을 전한다. 다가오는 시간, 더욱 우리 딸을 아껴주고 싶다.

그렇게 세월이 흘러 아빠는 원하던 승진을 하고, 우리 딸은 대학에 들어가고, 해외 어학 연수를 갔어. 세월은 그래도 우리 편이었나 보다. 중국 출장 중에 잠시 만났던 우리 딸이 울면서 돌아서던 모습이 지금도 눈에 선하구나. 외로운 유학 생활을 잘 버텨주어서 고맙다. 그렇게 세월이 세월을 밀어냈다.

퇴직을 통보받은 날 황망해 정신없던 아빠를 위해 '장한 아버지상'을 만들어준 우리 딸의 사랑을 진심으로 고맙게 생각한다. 덕분에 힘을 내어 새로운 인생을 준비할 수 있었다. 우리 딸의 관심과 격려가 글을 쓰는 아빠에게 힘을 불어넣어 준다. 세상 모든 부모에게 자식은 걱정거리이자 동시에 힘이 되는 존재란다. 자식은 부모에게 있어 생명의 연장이고, 못다 이룬 꿈이자 사랑이야. 시간이 가도 변하지 않는 진리지.

그날 그곳에서 스러져간 아이들도 부모의 꿈이고 사랑이었다. 진도의 팽목항, 너도 알고 있겠지. 한 번은 직접 가서 봐야 아빠의 글에 마음이 실리지 싶었다. 글이 아니더라도 '언제고 한 번은 가 보야만 한다'라고 머리에 새기고 있었어. 10년이 지났건만 바다는 울고, 애절하게 묶인 노란 리본들은 바닷바람에 서럽게 흔들리고 있었지. 아이들은 허공 속에 살아 있었다. 아이들은 울지 못하더라. 가슴 아파하지 못하더라. 아이들은 울음소리를 내지 않더라. 가슴 아플 수 없고, 울 수 없는 아이들의 사진 속 눈을 똑바로 보지 못했다.

아플 수 있고, 울 수 있는 아빠가 미안하고 부끄러웠다. 오래 있을 용기가 없었고, 시간이 나지 않았어. 애써 마음을 잡고 돌아서 나오는데, 우리 딸이 생각나서 다시 아이들 사진을 돌아보며 울었다. 울 자격이 없는, 이 나라의 어른인 것이 서러워 눈물이 나왔다. 우리 아이들의 안전한 수학 여행길도 마련해주지 못한 부모 된 자들의 도리 없음을 한탄했다. 우리의 생명을, 세월을 이어갈 아이들에게 안전을 주지 못함은 어른들의 파렴치함이었다. 부모를 찾던 아이들을 구하지 못한 파렴치한들은 어른일 수 없다. 안전을 지키지 못한 사회는 생명을 잃음에 더불어 법도, 윤리도, 사랑도 가질 자격이 없음을 증명하는 팽목항의 을씨년스러운 바다였다. 아이들의 시간은 거기서 멈추어 있다.

오늘 아침에도 아빠는 우리 딸의 전화를 기다린다. 맑고 청아한 우리 딸의 목소리가 아빠에게 평안한 하루를 선사한다. 사랑하는 우리 딸, 항상 안전하고 평안한 날이 펼쳐지길 간구한다. 아빠는 누군가의 삶 속에서 좀 더 안전한 일을 하고, 안전한 일터를 만들고, 안전한 일상을 보낼 수 있도록 조금이나마 도움을 주고 싶어 이 글을 쓴다. 이 땅의 딸, 아들들이 안전하고 평안하게 일하며 살기를 바라는 애절한 간구가 모든 이들에게 전해지길 바란단다. 아무쪼록 너희 세대에는 안타까운 비극이 없기를 바란다.

오늘도 즐거운 하루, 사랑한다. 우리 딸.

아! 팽목항

전로에서 5명의 작업자가 세상을 뜬 이듬해, 사고 1주기까지 한 달 정도 남은 4월 16일이었다. 회사 전 임원과 협력사 대표들이 안전교육을 받고 있었다. 특별히 초대된 외부 안전전문가가 강의했다. 강사는

전로 사고의 안전시스템 부재와 향후 회사가 나아갈 안전방향에 대해 자신의 경험과 자료들을 보이며 열강을 하고 있었다. 안전사고 조사와 법에 대한 자랑인지, 넋두리인지 모를 듯한 이야기가 늘어지고 있었다. 지루함이 곳곳에서 구름일 듯 뭉실뭉실 올라오고 있었다. 강의를 듣는 이들이 수군거렸다. 핸드폰에 새로운 소식이 올라왔다.

진도 앞바다에서 세월호가 침몰했다. 그리 많은 우리 아이들이 그렇게 허망하게 갈 줄은 상상도 못 했다. 아이들을 천금에 비교하면, 천벌을 받을 만큼 가슴 저리도록 소중한 아이들이 물속에서 별이 되었다. 가슴에도 묻지 못했다. 세월은 세월을 밀어내고 슬픔은 켜켜이 쌓여갔다. 시간이 슬픔을 밀어내주기를 바라며 버텨온 세월이 10년이다. 거기에 팽목항이 있다. 아이들은 핸드폰에 글자로 남았다.

차로 5시간을 달려 도착했다. 목포에서 진도대교를 건너서도 40km에 달하는 거리였다. 팽목항에 들어서는 입구에는 귀찮아서 대충 세운 듯한 분위기의 나무 입간판에 세월호 추모관이라고 쓰여 있다. 빨간 화살표가 방향을 가리키고 있다. 자갈을 깔고 줄로 구역을 대충 표시한 임시주차장 한쪽에 컨테이너로 만든 추모관이 덩그러니 놓여 있다. 누구에게 향할지 모를 서운함과 화가 올라왔다. 바다를 배경으로 핸드폰을 들어 올려 사진을 찍으려다 멈칫했다. 아이들이 이 풍광을 내게 허락할지 자신이 없었다. 바다를 향해 머리를 숙여 작은 묵념을 하고 나서야 화가 잦아들었다. 그제야 핸드폰의 셔터를 누를 수 있었다.

무거운 발을 내디뎌 추모관을 향했다. 추모관 유리문에는 '항상 열려 있습니다'라는 문구가 쓰여 있었다. '열려 있다'라는 문구가 '들어가야 한다'라고 내게 명령했다. 화는 서러움을 품은 눈물이 되어 볼을 타고 내렸다. 어쩌자고 너희를 보러 온 것일까? 해줄 것도, 해줄 수 있는 것도 없으면서…. 타다 남은 향 옆에서 외로이 타고 있는 향 하나가 나를 기다리고 있다. 나 말고도 오늘 다녀간 이가 있음에 억지 의미를 두는 내가 작아졌다. 좁고 깊은 굴속으로 몸이 빨려 들어가는 듯한 두려움이 밀려왔다. 두려움을 덮는 염치없음이 걸음을 멈추게 했다. 고개를 들어 앞을 바라봤다. 사진 속 아이들은 모두 내 새끼, 내 딸아이와 꼭 같이 꽃처럼 웃고 있다. 딸이 말했다. 아들 녀석이 말했다. 아이들이 문자로 보냈다.

"울지 마, 아빠. 울지 않아도 돼. 아빠 사랑해요. 아빠 딸이어서 행복했어요."

"와주셔서 고맙습니다."

많은 문구가 '기억할게', '지켜주지 못해서 미안해'라고 소리치고 있다. 내가 해주고 싶은, 할 수 있는 말이 있을까? '너희는 이제 아파도 아플 수 없고, 슬퍼도 울 수 없는데, 나는 가슴 아파할 수 있음에 목이 멘다. 미안하다.' 비 오는 차창에 풍경이 흐르듯 눈 속에 아이들이 흘러 들어온다.

5살 정도로 보이는 아이가 엄마 손을 잡고 들어온다. 울고 있는 나를 쳐다본다. 왜 우는지 제 엄마에게 물었다. 엄마는 말했다.

"여기 언니, 오빠들은 배 타고 수학여행 가다가 저렇게 하늘나라로 갔단다."

아이가 향을 피우고 싶어 한다. 불이 없단다. 라이터를 내밀었다. 담배를 피우는 못된 버릇이 쓸데가 있음에 씁쓸했다. 슬픔이 아닌 화가 볼을 스치고 지나간다. 애써 발길을 돌려 문을 열고 나왔다. 노란 리본들이 바다 쪽으로 손들을 휘젓는다. 아이들을 향한 손짓을 카메라에 담았다.

바쁜 마음에 지나쳐온 우수영으로 차를 몰았다. 왜놈들을 물리친 울돌목이 있는 곳에 가서 선조의 위대함을 기리면, 화가 풀리고 서러움도 날아가리라 기대했다. 지금의 우리 세대가 보호해주지 못한 영혼들의 추모관과 500년 전 나라를 위해 몸 바친 선조들의 전적지는 통하는 무언가가 있지 않을까?

우수영은 기념관과 전적비 등이 잘 갖추어져 있다. 안내 간판도 잘되어 있고 주차장도 깔끔했다. 평일 오전임에도 차들이 30여 대 서 있다. 기념관과 반대편 섬을 잊는 케이블카도 있다. 우수영 본진을 출발지로 하는 둘레길도 조성되어 있다. 충무공 동상이 울돌목을 내려다보며 지키고 있다. '아! 나라를 위해 죽은 이들, 적을 물리친 전적지는 사고로 죽은 아이들의 추모관과 격이 다르구나' 하는 마음에 우수영의 장엄함보다는 팽목항의 서글픔이 앞섰다. 그곳에 아이들이 외로우리라.

물속에서 별이 되어 하늘에도 오르지 못한 아이들, 적군과 싸우다가 별이 된 선조들은 같은 듯 다를 것이다. 전쟁에서 죽은 선조들은 나라를 구하기 위해 목숨을 내놓았다. 나라에 몸을 바친 병사들에게도 가족이 있었을 터이다. 물속에서 죽어간 아이들에게는 구해줄 수 없는 심정을 가슴속에 누를 수밖에 없었던 가족이 있었다. 병사들의 대의는 컸으나 가족은 울었으리라. 세월호 아이들은 나라를 위해 쓸 목숨을 잃었다. 아이들의 수학여행은 사라졌고, 부모들은 울었다.

철저하게 준비한 리더와 훈련을 받은 울돌목의 조선 수군 병사들은 나라를 지키고 하늘의 별이 되었다. 아이들에게는 리더가, 시스템이 없었다. 잘못된 리더가 이끄는 배를 탄 아이들, 제대로 된 안전시스템을 갖추지 못한 사회에서 자란 우리 아이들, 비상시 안내를 허투루 한 어른들을 둔 우리 아이들은 그렇게 물속에서 별이 되어 남았다. 별이 되어 하늘로 가지 못하고 물속에 남겨진 아이들이 어른들에게 말한다. '미안해하지 마세요. 다시는 미안할 짓이 일어나지 않게 해주세요.' 우리 가슴에 글자로 새겨 넣었다.

중국 출장길에 난징대학살 박물관을 방문한 적이 있다. 중국에게는 치욕적인 역사다. 그들은 패전의 이유와 일본의 만행에 대해서 상세히 기록한 추모관과 박물관을 만들어 공개하고 있었다. 중국인들은 일본인을 귀신, 악귀라고 부를 정도로 증오하며, 일제 만행을 기억하고 있다. 우리는 어떤지 돌아볼 일이다. 일제의 조선 침탈 상징이었던 조선총독부 건물을 부술 때 이전해서 교훈으로 삼자는 의견이 있었지만, 실행되지 못했다. 삼풍백화점 사고 추모비는 외딴 후미진 장소에 있다. 유족 외에는 어디에 있는지조차도 잘 모른다. 그 외 사고들의 기념비는 있는지조차도 모른다.

아이들, 재해자들을 위한 추모관을 제대로 갖출 수는 없을까? 우수영 기념관과 전적지는 단순한 관광 이상의 의미를 전달한다. 조상의 얼과 유산, 그리고 나라에 대한 애국심이 가득 차 있다. 세월호 사고를 기억하는 추모관을 제대로 갖추어 우리 시대의 아픔과 전철을 다음 세대에는 되풀이되지 않도록 해야 한다. 과거에 일어난 대형 재해 자료들을 한곳에 모아 피해자들을 추모하고, 교훈으로 삼을 기념관을 건립하기를 간절히 간구한다.

사람은 안전사고, 시민 재해 등 안 좋은 일을 가능한 한 빨리 잊고 싶어 한다. 나무랄 일은 아니다, 나쁜 일을 모두 머리에 두고는 살아가기 힘들다. 치료해야 한다. 그러나 안전사고, 시민 재해 등에 대한 집단의 기억력 상실은 잊음이 아니다. 외면이다. 우리가 할 일이 부담스러워서, 책임지지 않기 위해 외면하는 의지적 기억력 상실이다. 과거를 잊어서는 미래가 없다. 고난에는 희생과 피해가 이어진다. 그들의 희생이 헛되지 않게 하기 위해서는 기억하고, 교훈을 토대로 해서 앞으로 나아가야 한다. 물속에서 별이 된 아이들의 소망이다.

우수영에서, 울돌목에서 선조들이 치열하게 싸워서 지켜낸 이 나라에서 태어나는 아이들이 안전을 토대로 행복하게 자라서 이 나라를 지키는 모습을 상상한다.

팽목항에 다녀온 후에 알게 되었다. 다행히도 목포 세월호 거치 장소에 기념관을 설립할 예정이란다. 우리의 도리를 할 수 있으리라는 작은 위안이 된다.

내 새끼 거기에
왜 갔니?

　팽목항 바닷속 별이 된 아이들이 오늘은 나를 이태원으로 보냈다. 게으름, 피곤을 핑계로 다음을 생각하는 나를 아이들이 서울로 밀어 올렸다. 그곳에서는 또 어떤 부끄러움과 서글픔이 뭉쳐진 돌덩이가 가슴

을 누를까? 그 골목에 바닷속 별이 된 아이들이 함께 있으리라. 대책 없는 억울한 죽음, 바닷속 배 안에서 별이 된 아이들은 10대였다. 10년이 지나 골목 차디찬 바닥에서 20대 청춘들이 별이 되다니 목이 메어옴을 막을 길이 없다. 이것도 부정할 수 없는 우리다.

6호선 이태원역 1번 출구를 나서자 '10·29 기억과 안전의 길'이라는 푯말이 맞이한다. 우측에는 아직 조사가 진행 중이라는 간판이 서 있다. 생존자가 쓴 미안하다는 문구가 쓰여 있다. 골목은 어른 둘이 양팔을 벌리면 닿을 정도의 폭이다. 골목은 큰 도로 쪽으로 경사가 져 있다. 도대체 이 좁은 골목에 몇 명이나 있었던 말인가? 그리고 그런 상황이 벌어지도록 우리 사회는 무엇을 했나? 우리 아이들이 거기에 가지 않았다면 사고가 없었을까?

사고를 뉴스로 접하고 얼마 지나지 않아 만난 이가 말했다.

"글쎄, 우리 아랫집 애는 안 가려고 했는데, 여자 친구 따라갔다가 변을 당했대."

거기 간 것이 원인이었을까? 내 아이만 거기 안 가서 안 다치면 되는 것일까? 부질없고, 의미 없는 안타까운 마음의 표현이다. 가야 할 아이들은 갔을 것이었다. 산재사고가 발생한 이후에도 비슷하게 핑계 같지도 않은 핑계를 말하는 이들이 많다, '노동자가 안전모만 썼더라면, 노동자가 안전작업 표준만 지켰다면, 노동자가 숙련공이었다면 죽음에까지는 이르지 않았다'라는 책임 전가를 한다. 사고조사 및 재판 과정에서 면피를 위해 노동자의 불안전한 행동을 주요 원인으로 지목한다.

산업재해 통계를 보면, 전체 산재사고의 80% 정도가 불안전한 행동이 원인이라고 발표한다. 이는 사고의 내면까지를 상세히 보지 않는 통계의 허수다. 노동자가 불안전한 행동을 한 원인에 대한 조사가 빠져 있다. 작업을 빨리하기 위해 작업을 서둘렀을 수도 있다. 작업 공간이 더워서 보호구를 안 하는 때도 있다. 설비 감시를 위해서 기계 안으로 머리를 들이밀기도 한다. 정지된 기계를 수리하기 위해 끼인 물건을 빼내려다 몸이 딸려가는 사고도 있다. 현장에서는 여러 가지 사유로 불안전한 행동을 유발하는 불안정한 상태들이 상존한다. 우리 아이들이 불안정한 상태에 방치되었다.

대표적인 사례가 2022년 모 제빵회사의 중대재해다. 기계의 안을 들여다보지 않고는 작업이 어려웠다. 회전부 덮개를 여닫기를 반복하면 작업이 불편했다. 실제로 덮개가 없는 기계도 많았다. 이러한 작업 환경의 문제가 노동자의 불안전한 행동을 초래한다. 노동자의 안전한 행동을 해치는 시스템의 부재가 근본적인 원인이다. 이태원 참사는 아이들이 거기에 가서 한 골목에 모인 것이 근본적인 원인이 아니다. 한곳에 아이들이 밀집한 것은 사고가 난 현상이다. 원인이 아니다.

산재사고로 치면 위험성 평가가 되어 있지 않았다. 아이들이 왜 그곳에 갔는지, 왜 그 골목으로 모였는지, 왜 그 골목은 위험했는지 등 불안전한 행동을 유발하게 된 원인에 대한 사전 예측이 없었다. 위험요인에 대한 예측이 없었으니 진행 중에 안전을 위한 질서유지가 없었던 것은 당연했다. 사고를 일으킨 현상의 원인을 찾아야 한다.

위험성 평가는 사고를 방지할 수 있다. 이를 반영한 안전조치는 위험이 재해로 이어지는 과정을 통제해 최악의 상황을 막을 수 있다. 비상시 매뉴얼 작동은 최악의 상황에서도 생명만은 구하자는 것이다. 비상시 조치를 위한 매뉴얼 작동이 부실했다. 이러한 3단계(위험성평가, 위험요소 통제, 비상시 조치)의 준비가 있어야 했다.

산업재해나 시민재해나 원인 조사의 본질적인 목적은 재발 방지다. 사고가 나면 서로 책임을 미루고 떠넘기기에 바쁘다. 재해를 겪을 때마다 우왕좌왕하고 정확한 원인을 밝히지 못하는 경우가 많다. 대책도 미흡해 잊을 만하면 사고가 반복되는 안타까운 우리 현실이 참 서글프다.

산재사고의 경우에는 중대재해 이후 조사나 재판 과정에서 과실치사, 산안법 위반 등에 대한 책임자가 밝혀진다. 회사가 손실을 보게 되기에 향후 대책을 마련한다. 시민 재해의 경우는 이러한 주체가 뚜렷하지 않아 추가적인 조치가 부족한 면이 있다. 시민 재해에 대한 책임소재를 명확히 해야 한다. 중대재해처벌법에서도 시민 재해에 대한 책임소재 및 해야 할 일을 구체적으로 명기할 필요가 있다. 대책을 세우는 조치에 선한 영향력을 줄 수 있다.

사업장을 비롯해 사람이 있는 공간에서 해야 할 일은 불안전한 행동을 유발하는 불안정한 상태의 제거다. 동시에 불안전한 행동을 하더라도 사고나 재해로 이어지지 않도록 해야 한다. 어린아이가 기어다니며, 서랍을 빼서 사고를 일으키지 못하도록 서랍을 손잡이 없는 반대 방향으로 끼워두는 방법은 불안전한 행동(서랍을 빼는 행위) 유발을 원천 차단하는 좋은 사례다. 혹여나 서랍이 빠지더라도 서랍 안에는 위험한 물건이 없도록 해서 아기가 다치지 않도록 하는 등의 페일 세이프(Fail Safe)[37] 및 풀 프루프(Fool Proof)[38]를 최대한 활용해 안전을 확보해야 한다.

소중한 생명이 떠나갔다. 좁은 골목에서 친구인 같은 또래 아이들의 몸에 걸려 넘어지고, 눌려 하늘의 별이 되었다. 생명에는 귀하고, 덜 귀하고가 없다. 별이 된 생명에는 책임이 없다. 사고를 교훈 삼아 그들이 별이 될 수밖에 없었던 환경이 만들어진 원인은 무엇이고, 같은 사고가 날 곳은 없는지, 그 장소에서 다른 종류의 사고가 날 위험 요소는 없는지 살펴볼 일이다. 남은 우리들의 책무다.

---

37) 페일 세이프(Fail safe) : 기계가 고장났을 경우에도 사고, 재해로 연결되는 일이 없이 안전을 확보하는 기구.
38) 풀 프루프(Fool Proof) : 사람이 기계를 잘못 다루더라도 피해가 발생하지 않도록 예방하는 시스템.

법이, 시스템이
보호해주어야 한다

우리는 착한 사람을 보면 '법 없이도 살 사람'이라는 말을 한다. 모든 행동과 말이 매우 착하고, 나쁜 짓을 하지 않으므로 법에 걸릴 일이 없다. 법이 없어도 나쁜 짓을 하지 않을 사람이다. 심성까지 고운 사람을 빗대어서 하는 말이다. 이 말을 패러디해서 '나는 너무 착해서 법이 없으면 못 산다. 나쁜 사람들로부터 피해받지 않도록 법이 있어야만 한다', '법으로 보호받아야 할 사람'이라는 우스갯소리를 했던 기억이 있다.

'사랑이냐? 채찍이냐?'의 차이에 의해 심성이 달라지기도 한다. 애완동물을 키우면 혼자 크는 아이에게 도움이 된다고 해서 애완견을 키웠다. 아이가 강아지 이름을 '토토'라고 지었다. 이 녀석이 아이 입술에 작은 상처를 냈다. 왜 그랬는지 알려고도 하지 않고 토토를 엄하게 다루었다. 밥도 많이 먹지 못하게 했다. 대소변을 못 가리면 큰소리로 혼냈다. '토토'가 집안에서 서열을 따졌다. 아빠 1, 토토 2, 엄마 3, 아이가 4등이었다. 아빠 앞에서는 순한 양이었다. 아빠 없을 때 아이와 엄마에게는 으르렁댔다. 어느 날 시츄를 키우는 지인이 놀러오라고 그래서 토토를 케이지에 넣어 데리고 가려고 했더니 말을 듣지 않았다. 강제로 쑤셔 넣어서 차에 태웠다. 토토는 '으르렁'거리면서 엄마 차를 타고 갔다. 차를 타고 가며 케이지를 물어뜯고, 난리를 쳤단다. 몇 시간을 자기 성질을 못 이겨 난리를 치더니 갑자기 기절을 했다. 그렇게 토토는 영혼 없는 유기체가 되었다. 채찍이 낳은 고약한 심성이 '토토'를 하늘로 데려갔다.

전원생활을 시작한 후에 다시 애완견을 키웠다. 아파트에서와는 사정이 달랐다. 짖거나 대소변을 아무 곳에나 봐도 야단칠 일이 없었다. 매를 들 일도 없고, 예뻐하며 정으로 키웠다. 그 아이는 몽둥이를 들어도 위험을 느끼지 않았다. 몽둥이가 무엇인지도 모른다. 맞아본 기억이나 위협당해본 적이 없다. 그러다 보니 몽둥이에 겁먹지 않는다. 다른 집 낯선 강아지가 와도 처음에만 짖다가 금방 친해져서 논다. 저러니 도둑이 와도 집을 지킬 수 있을 것 같지 않다. '밤에 짖으면 혹시 다른 짐승이 와서 강아지들을 해할까?' 걱정되어 주인이 나가봐야 한다. 주인이 오히려 강아지들을 보호해주는 울타리인 셈이다. 사랑으로 평화로움을 오래 누리고 살아온 이들은 위험을 지각(知覺)하는 것이 둔감할 수 있다. 마음이 불안정한 사람은 작은 위험에도 큰 두려움을 느끼곤 한다. 심성의 차이다. 환경과 성장에서 오는 상황을 보는 시각이 달라진다.

 산재사고가 났을 경우, 사고의 원인을 노동자의 '경험 부족'이나 '숙
련도 부족'으로 생각하는 이들이 많이 있다. 일견 맞는 말인 듯하지만,
깊이 뾰족하게 들여다보면 꼭 그렇다고 단언하기 어렵다. 실제로 내가
안전사고로 다쳤을 당시에도 안전관리자가 사고 원인을 '경험 부족'이
라고 명기했다. 20년 근무한 부장과 10cm 사이로 서 있었다. 날아오던
쇳조각이 나를 때렸는데 원인이 경험 부족인가? 부장과 비교해서 경험
이 부족한 것은 명확한 사실이다. 하지만 쇳조각이 인공지능이어서 경
험이 부족한 사람을 찾아서 때리는 능력을 발휘하지는 않을 것이다. 세
심하지 못한 책상머리 사고조사가 문제였다. 사고가 발생한 지역이 위
험지역임을 인지하지 못했다. 위험지역이라는 시스템적인 분류도 없
었다. 위험한 곳에 들어가도록 방치한 것이 근본적인 원인이었다. 전로
가스 질식사고의 경우에도 해당 지역을 밀폐공간으로 지정하지 않았
다. 밀폐공간 작업 프로그램을 수행하지 않았던 것이 그 원인이다. 안
전관리가 체계적이지 못했다. 법 적용과 시스템의 부족이다. 개인이 자
각해서 피할 수 있는 위험이 아니었다.

 귀여움을 받고 사랑으로 키운 아이들이 무엇이 위험한지 몰라 피하
지도 못하고 두려움에 떨었다. 핸드폰만 붙들고 구원을 요청했다. 아이
들은 사랑한다는 말을 남기고 서로 붙잡고 별이 되었다. 우리는 사랑밖
에 모르는 아이들에게 감당할 수 없는 벌을 받게 했다. 이제 그 죄에 대

한 대가를 지불할 때다. 경험이 부족한 사람은 위험한 작업에 투입되지 않도록 해야 한다. 미숙련공이 일을 하더라도 다치지 않는 환경을 만들어야 한다. 그러한 환경조성의 시작은 법과 시스템이다.

현재의 삶이 바쁘고 고달파도 우리를 행복하게 하는 것은 늘 미래에 대한 바람이다. 지금 처해 있는 어려움이 아무리 힘들어도 버텨낼 수 있는 이유는 미래를 생각하고 가꿀 의지가 있어서다. 과거에 대한 미련과 후회는 있지만, 그것은 현재에 영향을 미침으로써 그 역할을 다했다. 과거를 후회하지 않고 현재에 할 수 있는 것에 최선을 다하는 것이 우리네 삶이다. 미래는 누구라도 꿈꿀 수 있는 행복이 있어야 한다. 미래의 행복을 누리기 위해서는 건강해야 한다. 건강을 주는 것은 안전과 보건이다. 보건은 각자의 위생과 몸 관리에서 온다. 안전은 자신의 부주의에서 오기도 하지만, 우리 전체의 잘못에서 오는 때가 많다. 원하지 않는 여건이 행복의 조건을 망치지 못하도록 삶 속에서 안전을 가지고 가야 한다. 아무리 힘들고 진저리 나는 고난도 이겨지는 것은 미래에 바꾸고 말리라는 각오와 좋아질 희망이 있기 때문이다. 법과 시스템을 통해 우리 시대의 사람이 희망을 갖도록 안전하게 보호해야 한다. 우리 시대를 살아가는 이들의 의무다.

안전은 선택이 아니다

　낮부터 눈보라가 치고, 내린 눈이 바람에 휩쓸려 날렸다. 구름 사이로 살짝살짝 비추는 햇빛이 내린 눈을 물로 변하도록 허락했다. 눈 내리는 아름다움을 보는 행복감뿐만 아니라 운전할 때 안도감을 주는 날씨였다. 안락한 초겨울 날씨를 주심에 감사했다. 집 앞 서편으로 산과 들이 펼쳐져 시원했다. 뒤로는 숲을 이루어 포근함을 준다. 해가 지면 노을이 퍼지는 하늘로 초겨울을 맞아 찾아온 철새들이 집 위를 지나가며 울었다. 집을 짓고 들어앉은 첫해, 새들의 머리, 배, 날개가 보일 정도로 낮게 나는 모습이 감탄을 자아냈다. 아침이면 새들은 낟알이 있는 방향으로 배를 채우러 날아갔다. 해가 지는 저녁에는 안전한 잠자리를 찾아 물이 있는 담수호 쪽으로 날았다. 늦겨울이 되면 새들이 떠나며 고요했다. 10여 년 살아온 지금, 새들의 이동은 시끄러울 뿐만 아니라 새들이 올 때면 추워진다는 신호여서 반갑지 않았다. 새들이 떠나기 시작하면 봄이 온다는 신호다. 이제 떠나는 철새들이 오히려 고맙기도 하다. 환경은 인간에게 좋은 것과 싫어하는 것을 동시에 선사한다. 무언가를 선택할 의무와 권리를 동시에 주기도 한다.

내일은 아침 일찍 아산 캠퍼스로 수업을 들으러 가야 한다. 밤에 눈이 없기를 기대했다. 창밖에서는 가끔 작은 번개가 치고, 눈이 내리는 듯 개들이 짖는 소리가 다가왔다가 멀어졌다. 잠을 자다 몇 번이고 뒤척이다 꿈에 놀라 깨어났다. 일어나 꿈을 메모했다. 꿈을 메모해도 꿈은 계속 꾸어진다. 빙판길에 차가 미끄러져 마음먹은 대로 운전이 안 되는 꿈이었다. 밤에 눈이 오든 비가 오든, 내린 눈이 녹아 길이 미끄럽지 않든, 빙판이 되든 아침이 다가올 것이었다. 그리고 나는 길을 나서야 한다.

새벽, 평소보다 늦은 알람 소리가 눈을 열어주었다. 내다본 창밖은 눈이 있고, 없음이 명확하지 않았다. 강아지 밥과 닭 모이를 주러 나간 사이 자갈이 깔린 마당에는 눈이 없다. 소나무 위에는 잔설들이 애처롭게 매달려 있다. 눈은 솔가지에 붙어 있고 싶으나 기온이, 바람이 허락하지 않았다. 함께한다는 것은 둘만의 의지만으로 되지 않는다. 안도의 숨을 쉬며 출발 준비를 했다. 가는 여정의 길은 어떨지 모르지만, '이곳 촌구석보다는 길이 좋겠지'라는 믿음을 갖고 차의 시동을 걸었다. 길 도우미로 목적지인 아산 캠퍼스를 찍었다. 당진에서 아산 캠퍼스에 가는 길은 38국도, 예당평야로 두 코스가 있다. 가장 싼 가격으로 휘발유를 주는 알뜰주유소가 있는 예당평야로를 골랐다. 주유소가 다가올수록 도착 예정 시간이 1분씩 늘어나고 있었다. 선택과는 상관없는 시간의 흐름이다.

주유소 사장이 다리를 절며 다가왔다. 왜냐는 질문에 미끄러운 곳에서 넘어졌다고 답했다. '에궁, 조심하시지' 걱정을 담은 사탕 2개를 건넸다. 사탕을 건넨 손에 온기가 있었다. 미소 퍼지는 얼굴과 '즐거운 하루'라는 인사를 받았다.

아산 캠퍼스로 가까이 갈수록 고도가 조금씩 높아져갔다. 전속력으로 추월해서 달려가던 승용차가 솔뫼성지 앞길에서 갑자기 속도를 줄였다. 빙판으로 변한 길들이 앞으로 뻗어가고 있었다. 지난번 집으로 돌아올 때 빠르고 밀리지 않는 길이라고 판단했던 길이다. 역으로 밟아가는 2차로 도로는 양쪽에 오고 가는 차들이 모두 느릿느릿 거북걸음이다. 선택에 후회가 밀려오고 있었다.

4차선 도로는 눈이 녹은 것이 확연하면서도 얼어붙은 곳이 더러 눈에 띄었다. 다시 선택해야 했다. 탕정 쪽으로 가는 4차선을 택할지, 배방산 도로를 넘어갈지 선택해야 했다. 출발 전 내비게이션으로 택한 예당평야로는 여정의 시작을 결정했다. 여정 중의 선택은 짧지만, 다시 세분된 길을 선택하게 했다. 길의 선택은 도착시간을 결정한다. 결정을 좌우하는 것은 빠름보다는 안전이어야 한다.

마음은 달랐다. 겁 없는 천방지축은 배방산 눈길을 골랐다. 산길을 오르고 내려야 하는 위험을 감수하더라도 눈꽃을 보려는 욕심이 올랐다. 운 좋게도 배방산 길은 얼지 않았다. 산 중턱 등산로가 시작되는 고개에서 설경을 찍는 기쁨을 만끽했다. 상고대만큼은 아니어도 눈꽃이 주는 만족감은 여정을 풍족하게 해주었다. 눈꽃은 겨울 산행을 유혹한다. 눈, 나무, 기온의 삼위일체가 만들어내는 하얀 보석들이 여정에 축복을 준다. 예당평야에서 미끄러움으로 시간을 10분 정도 잃었으나 배방산의 설경을 얻었다. 우리 인생 여정은 늘 출발과 도착 사이에서 선택을 요구한다. 선택은 권리이나 결과는 필수다. 누군가 말했다. '인생은 BCD이다. 출생(Birth)과 죽음(Death) 사이의 선택(Choice)이다.' 그러나 안전은 선택이 아니다.

도착한 캠퍼스는 구릉으로 이루어져 승용차로는 강의실 앞 언덕을 오르지 못했다. 마트에서 산 물병들을 손에 들고 미끄러운 길을 올랐다. 일찍 와서 자동차 바퀴들이 다져놓은 눈이 얼기 전에 도착했거나, 아니면 오히려 늦게 왔더라면 수고가 적었을 것이었다. 이 또한 선택으로 인한 수고로움이었다. 우리의 여정에서의 작은 선택은 모든 여정에 연결되어 있다. 선택은 결과를 가져온다.

삶의 여정 역시 출발 전에 모든 것을 선택할 수는 없다. 태어나기 전에 준비하고 태어나는 사람은 없다. 여정의 순간순간 선택의 갈림길에 서게 된다. 선택을 피할 수는 없다. 어느 길로 가든 선택에는 결과가 따른다. 설경을 보고 감탄할 것이냐, 일찍 도착해서 다른 것을 얻을 것이냐의 선택은 오롯이 자신의 권리이자 책임이다.

　대부분의 사업주나 경영책임자는 생산과 안전 중에서 생산을 우선한다. 물론 안전과 생산의 갈림길에서 생산을 택하지는 않는다. 안전에 대해 무관심해 생산을 택하게 된다. 자연스럽게 늘 습관처럼 당연하다는 듯이 생산이 우선이다. 노동자는 작은 위험이 있을 시 작업을 중지하고, 사업주에게 개선을 건의하기보다는 좀 더 집중해 위험을 감수하면서 작업한다. 작은 위험을 선택해 행한 결과로 생산에 이익을 보고 작업이 편해지기도 한다. 이러한 불합리한 선택이 반복되어 위험이 없어지지 않고 나중에 안전사고로 이어진다. 사고가 나면 안전보다는 생산을 선택한 대가를 치른다.

　우리는 삶에서 안전보다는 편안함을 택한다. 안일함을 일상으로 가지고 살아간다. 진행이 늦어지거나 목표에 미달하면 위험한 선택을 한다. 원칙과 표준을 지키는 삶은 성공이 늦어질 것 같은 초조감을 가져온다. 좀 더 편하게 남보다 좋은 열매를 갖고 싶어 한다. 변칙적인 방법을 사용한다. 하지만 변칙적인 방법, 빠른 방법에는 보이지 않는 위험이 도사리고 있다. 검은 유혹이 손짓한다. 삶을 위험에 빠뜨린다. 몸도 마음도 피폐해진다. 정신이, 몸이 무너진다. 삶에 안전사고가 발생한다. 안전을 도외시한 선택은 잠깐의 쾌감은 있을지 모르나 결국 우리를 멸망으로 이끈다.

안전은 사랑이다

　일요일, 이 새벽에 무슨 황당한 상황인가 싶었다. 전날 오후부터 시작된 워크숍(Work-shop)을 빙자한 술자리는 새벽 1시까지 이어졌다. 토요일, 일요일에 걸쳐 1박 2일로 준비된 대학원 송년회 겸 12월 모임을 시골의 게스트하우스에서 열었다. 원우들은 토요일 수업을 마치고, 삼삼오오 각자 운전해서 모여들었다. 술들로 목을 씻고, 취기로 몸을 감쌌다. 흐르는 시간에 자아를 맡기고 잠들어 있었다. 이 얼마나 고요한 일요일 아침인가? 와이프의 눈초리에 신경 쓰지 않고 편안함의 절정을 누리는 휴일 아침, 자유를 만끽하는 10명의 중년 남자들의 달콤함의 향연이었다. 새벽 4시 반에 깨던 기상에서도 벗어났다. 알람도 없어 편안히 일어났다. 핸드폰을 보니 카톡 문자가 와 있었다. 순간 대답을 할까 말까 망설였다. 답을 안 하면 전화가 올 것이라 여겼다. 남자 사이에 사랑의 전화는 사절이다.

"자, 모두 일어나서 아침 먹으러 갑시다. 학과장님이 8시 11분에 도착하신답니다."

"아니. 왜 온대? 어제 면접 끝나고 바로 왔으면 편했지. 면접 같이 치른 사람들과 천안에서 저녁 먹고 올라갔으면서 이 새벽에 쉬지. 여긴 아침부터 왜 와? 힘들게."

작년 11월, 그를 처음 만났다. 그는 25년을 한국산업안전공단에서 근무했다. 인간공학 기술사와 공학박사 학위를 가진 만학도의 교수였다. 늦은 나이에 공부하려는 나 같은 사람에게 본보기가 될 만한 자격을 갖추고 있다고 여겼다. 퇴직하고 1년여를 쉰 나는 무엇을 하면서 시간을 보낼까, 고민하다가 대학원에 진학했다. 집에서 가장 가까운 곳이 HS 대학교였다. 거리가 학교 선택의 첫 번째 조건이었다. '다음은 무슨 과를 갈 것인가? 그래 안전이다.' 마침 HS대 대학원에는 '안전행정공학과'가 있었다. 주임교수 학과장 '조○○' 전화를 눌렀다. 반갑게 받으며 한번 찾아오라고 했다. 11월 겨울을 부르는 깊은 가을, 아산 캠퍼스에서 그를 만났다. 호숫가를 돌면서 이런저런 이야기를 나누었고 박사 과정에 입학했다.

주말마다 있는 오전 강의, 점심 도시락, 오후 강의에 만나는 사람들은 신선함 자체였다. 회사에서만 30년 근무하면서 부품처럼 살아온 나였다. 다양한 사람들과의 만남은 생활에 산뜻한 양념이었다. 대학원에 온 사연도, 목적도 각양각색이었다. 직업군도 다양했다. 나이도 각 연령대가 고루 퍼져 있었다. 새로운 삶, 제2의 인생에 대한 흥미를 일으켰다.

나에게는 행운이었다. 학생 시절 새벽 일찍 일어나서 거리에 붐비는 이들을 보면서 '이토록 이른 시간에 모두 저리 열심히 사는구나!' 놀라서 그 이후로 오전 11시에나 일어나던 내 생활 습관이 5시 기상으로 바뀌었다. 그때처럼 박사 과정에 대한 인식도 바뀌었다.

학과장의 건의로 몇몇 원생들과 입학도 하기 전 캄보디아로 수학여행을 다녀왔다. 겨울 수학여행과 여름방학 몽골 수학여행은 할 일 없어 박사 과정이나 하려고 했던 내 생각을 바꾸는 계기가 되었다. 여행 중 늘 앞서서 일정을 챙기고, 술이 과한 사람이 없는지, 마음 상한 사람이 없는지 살피는 그의 자상함과 유연한 태도가 돋보였다. 늘 이해보다는 옳고 그름을 먼저 판단하는 나에게 부끄러움으로 다가왔다. 쇼핑하는 과정에서 주석 잔을 고르더니 "너무 비싸다. 시내에 가면 훨씬 쌀 것"이라고 하길래, 그냥 여기서 사라고 했다. 그는 나중에 시내에 가서 정말 매우 저렴한 가격에 샀다면서 여러 사람에게 1개씩 나누어주었다. 이 작은 주석 잔은 이제 내 혼술의 필수품이 되었다. 혼술을 할 때마다 그의 작은 세심한 배려가 느껴진다.

토요일은 신입 대학원생 지원자들 면접을 하는 날이었다. 오후 3시부터 시작한 65명 지원자들의 면접을 본 조교수는 면접을 지원한 졸업생, 재학생들과 함께 저녁 식사를 해야 할 것 같다고, 당진 모임은 참석이 어렵다고 전화해왔다. 기다리던 당진 원우들은 실망했다. 술이 몇

순배 돌고, 김 박사와 통화를 했다. 김 박사는 천안에서 면접을 도와주고, 조교수와 식사를 했다고 했다. 농담으로 자그마한 가시를 던졌다.

"아니 학과장은 원래 이쪽으로 오기로 되어 있었는데, 사람을 가로채 가다니."

투정 아닌 투정이 전달된 것이었을까? 다음 날 아침, 조교수는 새벽길을 2시간 가까이 달려왔다. 함께 아침을 먹고, 사진을 찍었다. 내일 새벽 4시 비행기로 필리핀에 간다면서 올라가는 학과장을 보며 생각했다.
'필리핀 잘 다녀오시고, 당신이 이 시대 진정한 리더이십니다.'
작은 배려와 관심이 모두에게 겉으로 드러나지는 않아도 작은 감동의 파도를 느끼게 했다. 그가 있어 이 시대, 이곳의 대학원을 다니고 있는 것이 소확행처럼 느껴졌다. 이제 그에게 무엇을 도와줄 수 있을까 생각하는 시간을 좀 더 가져보기로 했다. 서로 간의 배려와 아낌을 느꼈다.

사고 난 이후 자신보다 높은 사람이나 국회의원이 올 때 빼고는 한 번도 나타나지 않던 어떤 사람이 머리를 스쳐갔다. 그에게 원망은 없으나 감동도 받지 못했다.
학과장이 소주병 찍은 사진을 보내왔다. 나도 저녁에는 혼술을 해야겠다. 리더의 사랑이 안전으로 나타나면 선한 영향력을 주어 안전문화도 향상된다.

생활 속의
안전(?)교육

생활 속에서도 안전을 수시로 접할 수 있다. 조카가 돌쯤 되었을 때, 형님댁에 갔더니 모든 가구의 서랍이 손잡이가 없는 반대쪽으로 끼워져 있었다. 기어다니기 시작한 아이가 서랍을 잡아당긴다. 내용물이 쏟아지고 아이가 머리를 다친단다. 서랍을 반대로 끼워 아기가 빼내지 못하게 안전조치를 해두었다. 위험 요소를 아예 제거해버린 사례다. 우리 애가 태어나고 기어다닐 즈음에 아내도 서랍을 반대로 끼웠다. 생활 속에서 자연스레 익힌 안전행동이나 교훈이 우리 주변에 많이 있다.

'밥은 오른손으로 먹어라'라는 말이 있다. 오른손으로 밥을 먹는 것은 우리네 식(食)문화의 기본이다. 앞에는 각자 따로 먹는 밥과 국을 놓고, 공동으로 함께 먹는 찌개나 반찬은 상 가운데에 놓는다. 만약 한 사람이 왼손을 사용하면 손이 서로 간섭한다. 때로는 밥상에서 교통사고가 나기도 한다. 팔이나 수저를 든 손이 엇갈리면 반찬 혹은 국을 떨어트린다. 그런 위험 요소를 막고자 하는 예방책이다. 다들 오른손을 쓰니 국물을 쏟지 않으려고 국은 오른쪽, 밥은 왼쪽에 둔 것이리라 생각하면 선조들의 안전에 대한 세심함을 알 수 있다.

'밥상 모서리에 앉지 마라. 출세 못 한다'라는 말도 있는데, 모서리에 앉아서 밥을 먹다 보면 젓가락질하는 손가락이 밥상 모서리에 부딪힐 가능성이 커지기 때문이다. 이는 손가락에 부상을 불러올 수도 있다. 손가락을 다치면 붓으로 글을 쓰던 시절에는 제대로 공부하기가 어려웠을 것이다. 과거시험 등에서 제 실력을 발휘하지 못하고 당연히 출세하기 힘들었으리라. 안전은 출세와도 연결된다.

'문지방 밟지 말라, 재수 없다'라는 말도 있다. 문을 여닫는 곳 아래에 문지방이 있다. 문지방은 문과의 마찰로 인해 반질반질하고 매끄럽다. 사람이 드나들 때 발이 걸리지 않도록 최대한 모서리가 없도록 가공해둔다. 하지만 잘못 밟으면 미끄러져 사고로 이어지기도 한다. 문지방을 밟다가 미끄러져서 넘어지면 머리통이 깨어질 수 있으니, 이보다 더 재수 없는 일이 없을 듯싶다.

'다리 떨지 마라. 복 나간다'라고 한다. 다리를 떠는 것은 요즈음도 자주 보게 되는데, 이런 행동이 버릇이 되면 밥상 아래나 탁자 아래에서 발을 떨다가 자기도 모르는 사이 위에 있는 물건을 떨어트리기도 한다. 중한 물건이 떨어져 깨어진다면 복이 나가는 일이 벌어지는 셈이다.

실제로 겪은 사례다. 모두 모여 회의를 시작하려고 준비 중이었다. 매일 회의에 늦던 이 차장이 그날따라 왠지 일찍 와서는 자기 자리에 앉아 자료를 보고 있었다. 늘 그렇듯이 의자에 양반다리로 걸치고 앉아 다리를 떨고 있었다. 회의 준비를 위해 한 직원이 열심히 물과 차를 나르고 있다가 그만, 떨고 있던 이 차장 무릎과 부딪히면서 '와장창' 깨졌다. 찻잔을 나르던 직원의 발등에 피가 났다. 예상치 못한 일로 복이 나가는 사소한 안전사고가 발생한 것이다. 이 차장의 발 떠는 버릇은 멀리 귀양을 갔다. 몸으로 겪은 안전체험 교육이다.

'밥 먹으면서 말하지 마라. 체한다'라는 말도 있다. 밥을 먹으면서 말하다 보면 밥알이 튀어나가서 다른 사람의 그릇으로 들어가기도 한다. 혹은 사레가 들리기도 한다. 밥 먹을 때 벌어질 수 있는 보건위생 부분을 고려한 식탁 예절교육이었던 셈이다.

'장사 지내고 온 연장을 집안에 들이지 마라. 귀신 붙어온다'라는 말도 들었다. 아버지께서 상갓집에 다녀오셨다. 급히 다른 곳에 가야 한다면서, 묘지를 만드느라 사용한 곡괭이와 삽을 집에 가져다 두라고 하셨다. 집안 문 옆, 벽에 기대어두었다. 저녁에 일터에서 돌아오신 어머니가 한걱정 하셨다. 무덤 파느라 사용한 연장인 삽과 괭이를 집 문 앞에 두었다는 이유였다. 심부름한 죄 밖에 없는 내게 왜 저러실까? 머리를 갸웃대는 내게 할머니의 설명이 뒤를 이었다. '병 옮길까 걱정되어 그러는 것이다'라고. 그때는 어려서 바로 이해하지 못했다. 예전에는 사람이 죽었을 때 어떤 병으로 죽었는지 정확히 몰랐다. 혹 전염병이라도 옮겨 올까, 싶어 취하던 생활의 지혜였다. 선인들의 슬기로움이 엿보이는 안전보건에 관한 주의사항이다.

이렇듯 어릴 적 잔소리처럼 들었던 가르침 속에 안전과 보건에 대한 배려가 있다. 체계적인 시스템과 교육이 없던 시절에도 우리 사회에는 나름대로 안전이 유지되고 있었다. 반복해서 듣는 안전교육은 효과가 크다. 누군가가 바로 그 자리에서 직접 들려주는 안전에 대한 염려의 한마디가 사람의 목숨을 지킬 수 있다. 작은 행동에서도 조심하는 습관이 우리 일상에 안녕과 평안을 주는 보호망이다.

어멈아,
빨래 걷어라

날이 궂으면 할머니가 말했다.

"어멈아, 빨래 걷어라."

'신경통이 도지는 것 보니 비가 올 것 같다'라는 할머니의 일기예보였다. 저녁에 제비가 낮게 날고, 햇무리가 지면 할머니는 '내일 비가 오려나 보다'라고 말했다. 내일 날씨를 알려주는 기상정보였다. 정월 대보름 달을 보고 풍년을 기원하는 절을 했다. 절을 하고 들어가면 할머니가 물으셨다.

"달이 어느 쪽이 두껍더냐?"
"오른쪽, 아니 남쪽이 두껍던데요."

"내년에는 흉년이 들겠구나. 걱정이다."

달이 두꺼워 보이는 쪽 지방이 풍년이 들고, 얇아 보이는 쪽 지방이 흉년이 든다고 하셨다. 왜인지는 모르나 늘 그러셨다. 조상들에게서 들어오신 이야기이리라. 우리 지방은 북쪽이었다. 올해는 좀 더 정성을 들여 농사일을 해야겠다고 하셨다. 모두가 경험에서 오는 옛 분들의 지혜다.

때가 되어 남들이 무엇을 심는지, 무슨 약을 주는지 보고 나서 하면 늦는다. 달력을 보고 절기를 보고 경험과 기억력에 의해서 씨앗을 뿌린다. 거름을 주고 잡초를 제거한다. 모두가 선인들의 지혜다. 경험이 많은 어른들이 존경받는 농경사회였다.

산업사회에서는 많은 기술이 표준화되었지만, 농업과 큰 차이는 없었다. 내 아버지는 한때 차를 운전하는 조수였다. 우리가 지금도 자동차의 운전석 우측을 '조수석'이라고 부른다. 거기에는 사연이 있다. 자동차가 처음 나온 시기, 기술 발달이 덜 되어 고장이 잦아 자동차가 수시로 멈추어 섰다. 문제가 있으면 사람이 차를 뒤에서 밀어주고, 운전자는 시동을 거는 경우가 많았다. 여러 사람이 차를 밀어 바퀴를 굴려서 강제로 엔진에 시동을 걸었다. 운전자 옆에 한 사람이 더 타서 심부름을 하는 등 조수 역할을 했다. 그러면서 조수는 운전을 익히고 차에 대해서 배웠다.

산업화 초기에는 농경사회처럼 전문가, 경험자가 중요했다. 그들이 또 초보자를 교육해서 숙련자를 키운다. 숙련자가 초보자에게 일을 가르치는 동시에 심부름꾼으로 부렸다. 초보이면서 심부름꾼인 사람을 일본 말로 '데모도(てもと)'라고 불렀다. 이제 시대는 경험에 의존하던 사회에서 정보든, 기술이든 모두 데이터화되고 컴퓨터에 의해서 이루어진다. 정보가 경험을 대신하고 컴퓨터가 어른을 대체하는 상황으로 변했다. 숙련자도, '데모도'도 필요치 않은 세상이 되었다. 내일 비가 올지를 제비에게 물어볼 필요가 없다. 내일 씨를 뿌릴지 어머니에게, 할아버지에게 물어보지 않는다. 컴퓨터에 가면 다 있다. 공장 일은 작업 표준에 의해서 컴퓨터가 지시하는 대로 하면 된다. 우리가 하는 일 대부분은 컴퓨터 시스템에 의해서 정보가 제공된다. 안전에 대해서도 마찬가지다.

하지만 전로 질식사고에서는 안전정보가 없었다. 다른 제철소에 다녔던 사람들의 말로 하는 정보에 의존했다. 정보 전달 시스템이 작동하지 않았다. 세월호 사고에서도 시스템이 작동하지 않았다. 시스템을 무시했다. 이태원 사고에서는 행사 주최가 없다는 이유로 정보도, 예방시스템도 작동하지 않았다. 정보와 시스템을 결합해 활용해 우리의 삶을 안전하게 지킬 수 있다.

재해, 당신도
예외가 아니다

과거, 선생님의 지휘봉은 아이들의 손바닥을 때리는 매였다. 가끔은 애들에게 조용히 하라고 칠판을 '땅땅' 치거나 아이들을 '쿡쿡' 찌르기도 했다. 어떨 때는 아이들 머리를 '콩콩' 때리기도 했다. 매가 오래되어서 반질반질하면서도 때가 끼어 있었다. 반장이었던 나는 선생님께 잘 보이고 싶은 마음이 일었다. 집에 있는 나무를 잘라서 예쁘게 다듬어다 드리고 싶었다. 나는 맞은 적도 없었고, 앞으로도 맞을 일은 없다. 그저 선생님께 잘 보이고픈 마음이 앞섰다.

아버지가 해오신 나뭇짐에서 두꺼운 물푸레나무를 골라잡았다. 나무 중에서 물푸레는 박달 다음으로 단단하다고 들었다. 나무껍질을 벗기고 두께를 맞추어야 했다. 오랜 시간을 낫으로 깎아내야 했다. 한참을 깎았다. 이래서는 시간이 하세월이라 답답했다. 좋은 방법이 떠올랐다. 육중하고 힘이 센 조선 낫을 사용하기로 했다. 왼손으로 나무를 잡고 오른손에 낫을 들었다. 나무를 길이 방향으로 쪼갤 심산이었다. 정확히 나무를 찍어야 했다. 집중했다. 낫을 내리찍었다. 낫은 내 왼손 검지를 찍었다. 비오는 날 툇마루 틈 구멍에서 물이 뿜어져 나오듯 왼손 검지 뿌리에서 피가 '꿀럭꿀럭' 올라왔다. 손을 부여잡고 할머니에게로 갔다. 할머니가 담뱃가루를 뿌리고 매주었다. 50년이 지난 지금도 상흔이 선명하다. 생활 속에서 겪은 안전사고다.

나의 의지와 행동과 관계없이 벌어지는 안전사고도 참 많다. 고등학교 3학년 때였다. 학교에서 밤을 새워 공부하고 새벽이면 집에 갔다. 아침을 먹고, 다시 도시락 2개를 싸서 학교로 가서 또 온종일 공부하는 생활을 반복했다. 시험을 일주일 앞둔 아침, 여느 때와 같이 학교에서 밤을 보냈다. 버스에 몸을 싣고 집으로 가고 있었다. 시 외곽에 있던 우리 동네에서는 우회도로 건설이 한창이었다. 기존 도로와 신설도로가 엉켜 있는 곳이 있었다. 버스는 대부분 기존 도로로 지나갔다. 기존 도로 쪽에 내릴 승객이 없을 때는 신설 도로로 가곤 했다. 어느 쪽으로 갈지 결정하지 못한 운전기사는 머뭇거리다가 Y자로 갈라지는 두 도로 사이로 버스를 처박고 말았다. 제일 뒷자리에서 졸고 있던 나는 시내버스 제일 앞까지 내동댕이쳐졌다. 일주일 후, 시험은 엉망이 되고 말았다. 안전벨트를 했더라면 괜찮았겠지만 유감스럽게도 안전벨트가 없는 시내버스였다. 안전벨트 맬 생각도 안 하던 시절이었다.

사고는 누구에게든, 언제든 예고 없이 들이닥쳐 온다. 대부분 사람들은 산재사고나 시민재해 등을 원인 측면과 책임자 처벌 측면에서 본다. 손해 입은 사람에 대해서는 '참 안되었다'라고 생각할 뿐이다. 자신은 다른 곳에 있는 사람으로 여긴다. 우리가 일하는 일터, 우리가 생활하는 공간, 우리가 걷고 있는 길 등 모든 주변 환경에 위험 요소는 늘 도사리고 있다. 그것들은 곳곳에 있다. 말이 없다. 예보도 하지 않는다. 늘 침묵하고 있다. 마치 매복하고 있는 간첩처럼 숨어 있다. 찾아서 박멸해야 한다. 산재사고가 일어나는 일터에서만이 아니라 우리 주변 생활 공간에서도 위험 요소를 발견해 없애야 한다. 우리의 건강하고 행복한 삶을 위해.

징비록

2013년 5월, 가스 질식사고로 조사를 받으며 많은 문제를 함께 해결했던 이들에게 물었다. 나와는 다른 생각이 있지 않을까? 각자 맡은 업무와 역할이 달랐으니 느낌과 교훈이 다르지 않을까? 무언가 더 얻어들을 것이 있지 않을까? 나조차도 기억하기 싫고, 말하기 꺼리면서도 억지로 연락했다. 짜다 못해 쓴 소금을 먹을 때 나오는 욕지기를 참으며 물었다. 돌아오는 답들이 듣기에 거북했다. 안쓰러웠다.

"혹시 2013년 사고에 대해 하고픈 이야기 있으시면 부탁드립니다."
"갑자기 무슨 일이냐? 끄집어내기 싫은 기억을….."
"알고 싶지 않고, 아는 것도 없다."
"아이고! 다 잊었소. 기억하고 싶지도 않고."
"솔직히 그때의 기억들은 다시 소환하기 싫은 것들이라 좀 그렇네요. 만 10년도 더 지났네요. 인제 와서 그 이야기 의미가 없죠.”

그나마 좀 성의 있거나 나름 기대했던 답변이 있었다.

“안전에 대한 체계적인 매뉴얼 작성과 지속적인 교육이 필요하다.”
“사고로 유명을 달리하신 유가족분들에게 깊은 애도를 드린다. 5명의 사망자가 발생한 전로 사고를 계기로 안전관리를 최우선으로 하고 더욱더 안전을 빈틈없이 하는 회사로 거듭나겠다.”

우리는 보통 아픈 기억은 가능한 한 빨리 잊고 싶어 한다. 좋지 않은 일은 시간이 지나가면 생각하지 않는 게 마음이 편하기 때문이다. 나쁜 기억은 잘 잊히지 않는다. 머리가 인정하지 않고 받아들이지 않는다. 자신의 실수로 인정하거나 해결책을 찾았다고 믿으면 잊어버린다. 인정하지 않으면 잔상이 되어 트라우마로 남는다.

무언가 실수를 하거나, 안 좋은 일이 생겼을 때 우리는 잠이 오지 않는다. 계속해서 머릿속으로 ‘왜? 왜?’라며 되뇐다. 아무리 양의 숫자를 세어도 잠은 오지 않는다. 그러다가 ‘아! 그 녀석 때문이야. 아 거기서 잘못되었네’라는 생각이 들면 잠이 온다. 해결책이 아니라 핑곗거리를 찾으면 잠이 오는 것이다. 자기 합리화다. 머리에 최면을 거는 것이다. 잊어버리고 해결책을 더 이상 찾지도 않으며 고민하지 않는다.

심리학자 '우에키 리에(植木理恵)'가 쓴 《백곰 심리학》이라는 책이 있다. 두 그룹에게 백곰 그림을 보여준 후 한 그룹에는 '백곰만 생각하라'고 하고, 다른 그룹에는 '백곰 빼고 다른 생각을 하라'고 한 후 다음 날 두 그룹에게 질문했다.

"잘 주무셨나요?"

백곰만 생각하라고 지시받은 그룹은 "잘 잤다"라고, 답했다. 백곰만 빼고 마음대로 생각하라고 지시받은 그룹은, "밤새 백곰 그림이 보여서 잠을 제대로 못 잤다"라고 답했다.

우리 머리는 나쁜 기억과 좋은 기억을 구분해 기억하는 것이 아니다. 자신에게 불편한 기억과 불편하지 않은 기억으로 나누어 머리에 담는다. 백곰 그림이 불편으로 작용하는 무리와 그렇지 않은 집단의 차이가 보여주는 현상이다. 불편한 기억을 잊으려는 인간의 편리성은 그 대가를 치르게 마련이다.

임진왜란 후 류성룡은 《징비록》[39]을 집필했다. '징비(懲毖)'란 '미리 징계해 후환을 경계한다'라는 《시경》의 구절에서 따온 것이다. 류성룡은 지난날 조정의 실책을 반성하고, 앞날을 대비하기 위해 후세들에게

---

39) 《징비록(懲毖錄)》 : 조선 선조 때 류성룡이 쓴 임진왜란에 대한 7년 동안의 일을 수기한 책. 국보 제 132호.

길이 남길, 쓰라린 반성의 기록으로 징비록을 저술한다고 했다. 정말 그 후에 이 책을 보고 조선은 다시 올 국가의 위기를 대비했을까?

40여 년 후에 터진 병자호란은 명나라의 쇠퇴와 청나라의 성장으로 인해 어쩔 수 없는 면이 있었다고 치자. 1910년 일본침략으로 나라를 빼앗긴 경술국치(國權被奪)는 어떤가?

《징비록》은 나온 지 100여 년 지난 후 일본에 전해지면서 30여 종 이상으로 번역 출간되어 베스트셀러가 되었다고 한다. 현재도 스테디셀러로 일본에서 많이 읽히고 있다. 참으로 안타까운 아이러니다. 일본인들은 조선에 대해서, 임진왜란에 대해서 알고 싶어 이 책을 읽는다고 한다. 혹시 다시 쳐들어오려고 열심히 읽었고, 보고 있는 것은 아닌가 싶어 모골이 송연하다.

조선시대에는 그 후 《징비록》과 관련된 이야기가 거의 없다. 아마도 아픈 기억이기 때문에 쉽게 잊었으리라. 지금도 드라마로 알려진 것 외에 《징비록》이라는 책이 있었는지, 임진왜란에 관한 책인지도 아는 사람이 거의 없다. 참으로 안타깝다.

조선은 제국주의 열강들의 침략과 변하는 국제정세 속에서 운명처럼 망하는 고통을 겪었다. 한 치의 어긋남(?)도 없이 일본에게 조선팔도뿐만 아니라 우리 땅이 될 수도 있었던 만주까지 전부 내어주게 되는 결과를 초래했다. 역사를 잊은 민족에게 미래는 없다. 처절한 자기반성과 대책이 아쉽다. 산재사고도 이와 같다.

"무고한 사람들이 목숨을 잃는 사고는 비극적이다. 그러나 그것으로부터 배우지 않는 것이 더 비극적이다."

낸시 리브슨(Nancy G. Leveson),

〈CAST 핸드북 : 사고로부터 더 많은 것을 배우는 방법〉

나쁜 역사, 안 좋은 일은 그저 인간의 무지, 무시, 무리와 게으름에 의해 반복된다. 인간의 의도와는 별개로 자연의 법칙이고 현상이다.

질식사고 후에도 보수 중 실린더 끼임 사고, 가열로 끼임 사고, 아연 포트 빠짐 사고, 용강 빠짐 사고 등 중대재해가 반복[40]되었다. 중대재해 발생 후에는 철저한 자기반성과 재발 방지를 위한 전 조직의 노력이 절실하다. 조직 전체가 책임의 문제에만 집중할 것이 아니라, 사고가 나게 된 상세한 배경을 파악해야 한다. 구조적인 문제를 개선하고 시스템을 보완해야만, 노동자의 생명을 구하고 안전한 일터, 회사를 만들 수 있다. 이 글이 안전을 위해 작은 도움이 되기를 진심으로 간구한다.

---

40) 안타깝게도 인천에서 다시 질식사고가 발생했다. 고용노동부, "사망사고 발생한 ○○제철(주) 엄중 조치 예정", 고용노동부 보도자료, 2024. 2. 7.

안전한 삶 체크리스트

5점 만점으로 기록해 합계 70점 이상이면 당신은 생활 속에서 안전을 준수하는 시민이다.

번호	항목	점수(5점 만점)
1	나는 운전이나 보행 중 핸드폰을 보지 않는다.	
2	나는 공공장소(식당, 영화관 등) 출입 시 비상구를 확인한다.	
3	나는 대중교통 이용 시 탑승 시 비상 망치 위치를 확인한다.	
4	나는 운전할 때 방어운전을 한다.	
5	나는 신발을 나올 때 편하도록 벗어놓는다.	
6	나는 나올 때 편한 방향으로 주차한다.	
7	나는 한적한 곳에서도 신호등을 준수한다.	
8	나는 요리나 음료 먹기 전 온도를 확인한다.	
9	나는 탕에 들어갈 때 나 샤워 시 물 온도를 확인한다.	
10	나는 운동 전에 준비 운동을 한다.	
11	나는 횡단보도를 건너기 전 좌우를 살핀다.	
12	나는 안전벨트를 매고 나서 차의 시동을 건다.	
13	나는 집, 차량에 소화기를 비치했다.	
14	나는 인공호흡법, 심장제세동기 사용법을 안다.	
15	나는 수영을 할 줄 안다.	
16	나는 겨울에는 장갑을 착용한다.	
17	나는 소화기, 소화전을 사용할 줄 안다.	
18	나는 매일 아침 일기예보를 확인한다.	
19	나는 TV 재난 방송을 시청한다.	
20	나는 비상시 국민 행동요령을 알고 있다.	
계		

에필로그

안타깝게도 글을 퇴고하다가 D제철 인천공장 질식사고 뉴스를 접했다. 같은 회사에서 동일한 유형의 재해가 발생했다. 참으로 안타깝다. 질식사고의 처절한 반성이 부족했음을 방증하는 사고다. 사고가 난 원인에 대한 철저한 분석과 회사 내 다른 장소에서의 동일한 사고 발생 가능성 및 동일 장소에서의 다른 유형의 사고 가능성에 대한 검토가 미흡했다. 이러한 사고를 막고 싶은 마음이 내게 이 글을 쓰게 했다.

최근 축구 국가대표팀에서 선수 간에 불미스러운 일이 있었다. 사람들은 당혹스럽고, 말도 안 되는 일이 일어났다고 흥분한다. 맞다. 우리는 살면서 일어나서는 안 될 일, 해서는 안 될 행동을 많이 보게 된다. 다시는 그런 행동을 하지 않도록 일벌백계(一罰百戒)해야 한다는 주장은 일리가 있다.

이미 일어난 일을 돌이킬 수는 없다. 하지만 다시 안 일어나게 하기 위해서 어떻게 해야 하는지가 중요하다. 과거는 과거일 뿐이다. 안타까워도 과거는 마무리하고 앞으로 나아가야 한다. 우리가 원하든, 원하지 않든 시간은 앞으로 나아간다. 그 안에서 우리가 해야 할 일, 할 수 있는 일을 찾는 것이 현명하다.

과거 안전에 관한 관심이 얼마나 부족한지를 단적으로 보여주는 사례를 겪었다. 질식사고 후 경찰, 노동청, 검찰 조사와 재판을 거쳤다. 일부 직원은 구속 수사를 받고 형을 살았다. 사내 징계도 받았다. 회의 중에 이런저런 이야기 끝에 전로 사고 이야기를 했다. 바로 옆 부서의 부서장이 사고에 대해서 잘 알지 못했다. 한 회사에서 난 사고임에도 다른 공장에서 있었던 사건이라고 해서 강 건너 불로 여겼다. '안됐네. 저집에 불이 났네. 분위기 안 좋겠네. 우리도 조심하자' 정도였으리라. 경영진, 관리자와 노동자들이 자기 회사의 사고에 대해서 깊은 관심을 가졌다면 같은 사고는 좀처럼 나지 않는다. 사고가 나더라도 신속한 대응이 가능하다.

세월호의 아이들이 별이 된 지 10년이다. 이태원 사고는 사고가 발생한 지 1년이 지났지만, 아직 무엇 하나 제대로 진행되고 있지 않다. 시간의 흐름이 참으로 안타까워 무언가를 해야겠기에 이 글을 썼다. 우리의 안전한 일, 일터, 회사, 사회에 경각심과 주의를 환기하기 위한 미약한 몸짓이다.

나의 글이 아주 전문적이지는 못하다. 그렇다고 아주 쉽고 재미있게 쓰지도 못했다. 안전을 관리하는 이들에게는 그저 늘 듣던 '잘해라' 정도의 잔소리로 비칠 수도 있다. 사업주, 경영책임자들은 사업이 무엇인지, 경영이 무엇인지도 모르는 친구가 그저 안전, 안전만 중요하다고 한다고 꾸중도 하리라. 나름 일반인의 이해를 돕기 위해 쉽게 쓰려고 노력했다. 꼭 재해가 아니더라도 다른 에피소드를 예로 들어가며 구성했다.

　노동자에게는 안전한 행동을 위한 경각심을, 안전실무자에게는 업무에 도움을, 사업주에게는 안전을 대하는 의식 강화를, 그리고 일반인에게는 안전에 대한 호응을 얻고 싶은 나의 욕심이 글의 방향을 폭넓게 가는 동시에 또 어렵게도 한 듯해 아쉽다. 독자들께 넓은 이해를 구한다. 부족한 부분은 다음 글에서 더욱 알찬 내용을 갖고 만날 것을 약속드린다.

　사랑하는 우리 딸아이의 결혼식에 맞추어서 퇴고를 마무리하게 되어 기쁘다. 사랑하는 우리 딸, 안전하고 행복하기를 바란다. 2013년 5월 10일 안타깝게 유명을 달리하신 분들의 평안한 안식과 그 유족들의 안녕함을 우리를 사랑하시는 하나님께 간구한다. 우리 모두의 삶 위에 안녕과 행복하기를 기원한다.
　"사랑합니다."

〈안전보건공단〉, 중대사고위험관리본부 사고조사단, 2018.5

■ 제강로 아르곤 유입에 따른 질식사고

1) 재해 발생 개요

2013. 5. 10.(금) ○○○○ 사업장의 제강로 내화벽돌 축조 작업 중 로 내로 유입된 아르곤 가스에 의한 산소 결핍 환경에 노출되어 5명이 질식, 사망한 재해임

2) 재해 발생 공정

(1) 재해 발생 장소

충남 당진 소재 ○○○ 사업장의 제강공장 3전로 내부

(2) 재해 발생 작업

가) 3전로(Converter) 내부의 내화벽돌 교체 작업(A협력업체)

나) 내화벽돌 교체 작업과 병행해 아르곤·질소 가스 공급용 유연 호스(Flexible hose) 교체 작업 및 배관 누설시험 실시(B협력업체)

다) 내화벽돌 교체 작업 공정 흐름도

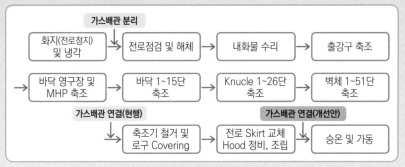

전로 내화벽 교체작업 공정도

3) 재해 발생 과정

(1) 2013. 5. 2.(목) 17 : 35 ~ 20 : 00 - 전로 3호기 정지 및 냉각 실시

(2) 2013. 5. 3.(금) 01 : 00 ~ 01 : 20 - MHP의 절단 및 분리

  ※ MHP(Multi Hole Plug) : 전로의 바닥에 설치되는 저취교반(Bottom Blowing)용 가스 공급 노즐

  가) 전로 아르곤/N2 가스 공급용 유압호스(Flexible hose)와 전로를 연결하는 MHP의 절단 및 철거(B협력업체)

  나) 전로 내부의 내화벽돌을 축조하기 위한 유압 작동식 작업대 설치(A협력업체)

(3) 2013. 5. 4.(토) 01 : 00 ~ 2013. 5. 9.(목) 19 : 00 - 내화벽돌 축조

  가) A협력업체 소속 작업자 15명이 2개 조를 편성해 교대작업 실시

  나) 1일 1.5 ~ 2.0m 높이의 내화벽돌 축조(1조당 벽돌 5~6단 축조)

(4) 2013. 5. 9.(목) 10 : 00 ~ 15 : 00 - 아르곤 · 질소 가스 공급용 유연 호스의 MHP 접속

가) B협력업체 소속 작업자 5명이 전로 하부의 가스 공급용 유연
　호스 접속 작업 실시 및 가스가 누설되는 일부 불량 유연호스
　교체
나) 유연호스 교체 후 아르곤/N2 가스 공급용 메인밸브(수동조작식)
　를 개방해 배관의 누설시험을 실시한 결과, 누설이 없자 메인
　밸브를 닫고 잠금장치 설치
(5) 2013. 5. 9.(목) 19 : 00 ~ 2013. 5. 10.(금) 01 : 00 – 축조 작업 마무리
(6) 2013. 5. 10.(금) 01 : 00 ~ 01 : 40 : 벽돌 축조상태 확인 및 작업대
　철거작업 중 재해 발생
가) 작업자 5명이 방진마스크를 착용하고 전로 내부로 들어가
　01 : 00 ~ 01 : 20까지 로 입구에서 1m 하부에 설치된 보조 작
　업대 철거
나) 보조작업대 철거 후 로 입구에서 3.2m 깊이에 위치해 있던 작
　업대 발판 위에서 벽돌축조 상태를 확인함
다) 아랫부분의 벽돌축조 상태를 확인하기 위해 작업대 발판 높이
　를 1m 아래로 하강하는 순간(01 : 40경) 작업자 4명이 작업대
　발판 위에 쓰러졌고, 나머지 1명이 "전기 꺼"라고 소리친 후
　자신도 쓰러짐
라) 전로 입구 주위에 있던 동료 작업자가 작업대 작동 및 전로 내
　부 조명용 전원스위치를 차단하고 119구급대에 신고
(7) 2013. 5. 10.(금) 01 : 49 ~ 02 : 35 – 재해자 구조
가) 01 : 49경 도착한 119구급대원이 절연보호구를 착용하고, 재

해자를 구조하기 위해 로 내부로 들어간 순간, 어지러움을 느꼈고 휴대용 산소농도측정기가 경보를 발생하자 감전이 아닌 산소 결핍으로 판단해 로 밖으로 나옴

나) 119구급대원 4명이 공기호흡기를 착용하고, 로 내부로 들어가서 '다목적 들것'을 이용해 02:35까지 재해자들을 구조·병원으로 후송했으나 5명 모두 사망함

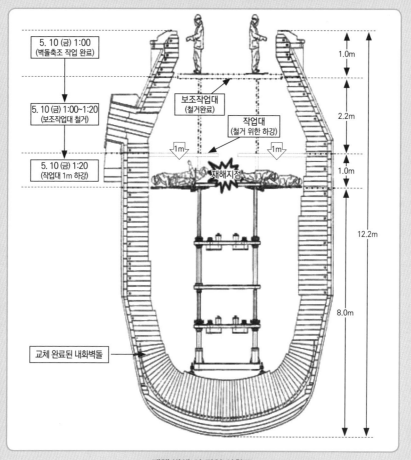

재해 발생 시 작업 상황도

4) 현장조사(확인) 주요 내용

(1) 로 내부의 산소농도 측정

재해 발생 8시간 경과 후 3차례에 걸쳐 로 내부의 산소농도를 측정 (09:30~10:30, 15:10~15:40, 18:03~18:30)한 결과, 작업자 위치의 산소농도가 10.1%로 측정됨

(2) 아르곤 배관의 유량제어밸브에 유량 흐름 발견, 운전실 로그 시트 (Log sheet를)를 분석한 결과, 유량제어밸브의 유량 흐름이 약 10시간 정도 관찰됨

(3) 아르곤 배관의 메인밸브에 누설이 일어날 수 있는 결함 발견, 메인 밸브의 기밀상태 불량으로 약 $5.6~10.0 m^3(N)/$이 누설될 수 있음을 확인

(4) 아르곤 배관의 메인밸브 후단에 있는 밸브들이 개방된 상태. 메인 밸브의 누설 발생 시 아르곤 가스가 로 내부로 유입될 수 있도록 자동밸브(SOV), 유량제어밸브(CV), 유연호스 전단의 밸브가 개방되어 있었음

(5) 작업대 하강 전에는 이상이 없었으나 1m 하강 후 작업자들이 쓰러진 이유, 배관을 통해 유입된 아르곤(아르곤) 가스가 작업대 발판 하부의 로 내부에 가득 차 있는 무산소 공기 상태에서 작업대 발판을 1m 정도 하강하는 순간, 무산소 공기가 작업대 발판 위로 올라와 작업대 발판 위가 산소 결핍 상태를 형성한 것으로 추정됨

5) 재해 발생 원인

(1) 아르곤 가스 공급용 메인밸브의 기밀 상태 불량

메인밸브 기밀유지용 디스크 표면이 손상되어 밸브를 완전히 잠근 상태에서도 아르곤 가스가 밸브 후단으로 누설됨

(2) 아르곤 가스 유입 가능성에 대한 안전조치 미흡

메인밸브의 개방 또는 기밀불량으로 아르곤 가스가 유입될 수 있는 가능성에 대비해 메인밸브 후단의 자동개폐밸브(SOV) 및 유량 제어밸브(CV)가 개방되지 않도록 하는 조치를 하지 않음

(3) 로 내의 유해 가스 유입에 대한 안전조치 미흡

아르곤·질소 가스가 유입될 수 있는 로 내부에서 작업을 하면서 산소 결핍 상황에 대비한 조치를 하지 않음

6) 재해예방 대책(유사재해 재발 방지 대책 포함)

(1) 밸브의 기밀유지 상태 확인 철저

기밀을 유지하지 못할 경우, 로 내부를 산소 결핍 상태로 만들 가능성 큰 밸브에 대해서는 기밀유지 상태를 철저히 확인하고, 이상 발견 시 즉시 교체해야 함

(2) 아르곤·질소 가스가 유입될 수 있는 배관에 대한 잠금장치 설치 철저 메인밸브 누설 시 가스가 로 내부로 들어가는 것을 방지하기 위해 메인밸브 이외 각종 밸브에도 잠금장치를 설치하는 것이 바람직함

(3) 다음 각 호의 내용이 포함된 밀폐공간 작업 프로그램 시행

　가) 밀폐공간의 위치 파악 및 관리 방안

　나) 밀폐공간 내 질식·중독 등을 일으킬 수 있는 유해·위험요인의 파악 및 관리 방안

　다) 밀폐공간 작업 시 사전 확인이 필요한 사항에 대한 확인 절차

　라) 안전보건교육 및 훈련

　마) 밀폐공간 작업 근로자의 건강장해 예방에 관한 사항

(4) 작업을 시작하기 전에 다음 각 호의 사항을 확인해 근로자가 안전한 상태에서 작업하도록 조치

　가) 작업 일시, 기간, 장소 및 내용 등 작업 정보

　나) 관리감독자, 근로자, 감시인 등 작업자 정보

　다) 산소 및 유해 가스 농도의 측정 결과 및 후속조치 사항

　라) 작업 중 불활성가스 또는 유해 가스의 누출·유입·발생 가능성 검토 및 후속조치 사항

　마) 작업 시 착용해야 할 보호구의 종류

　바) 비상연락체계

7) 시사점

(1) 유해 가스 유입 가능성에 대한 인식 미흡

　가) 로 내부 축조작업을 하고 있는 상태에서 로 내부로 유해 가스 유입 가능성이 있는 로 하부의 아르곤·질소 가스 공급용 노즐 및 호스 교체 작업 및 누설시험 실시

나) 메인밸브만 잠금장치를 통해 유해 가스 유입을 완전히 방지할
   수 있다고 판단해 메인밸브 후단의 밸브에는 잠금장치를 설치
   하지 않음
(2) 여러 작업이 중첩되고 다수의 부서와 하청업체가 참여하는 대수리
   작업에 대한 위험요인 파악 및 대책 수립을 할 수 있는 시스템 부재

이 땅에서 안전하게 일하며 살기

제1판 1쇄 2024년 6월 7일

지은이 이철재
펴낸이 한성주
펴낸곳 ㈜두드림미디어
책임편집 최윤경, 배성분
디자인 노경녀(nkn3383@naver.com)

㈜두드림미디어
등 록 2015년 3월 25일(제2022-000009호)
주 소 서울시 강서구 공항대로 219, 620호, 621호
전 화 02)333-3577
팩 스 02)6455-3477
이메일 dodreamedia@naver.com(원고 투고 및 출판 관련 문의)
카 페 https://cafe.naver.com/dodreamedia

ISBN 979-11-93210-82-6 (03320)